영어 고급
Vocaburary
연습 ❷

정태성

도서출판 코스모스

영어고급 Vocaburary 연습 2

정태성

도서출판 **코스모스**

머리말

    수학 실력을 향상시키기 위해서는 쉬운 문제를 많이 풀기보다는 어려운 문제를 계속 접해나가는 것이 아닐까 합니다. 언어도 마찬가지로 쉬운 단어만 접하다 보면 한계가 있기에 한 단계 차원 높은 수준으로 발전하기 위해서는 고급어휘와 문장을 익혀나가는 것이 중요하다고 생각합니다.
    매일 25개씩 영어 고급단어를 익힐 수 있도록 모아보았습니다. 각 단어별로 보다 많은 예문을 싣고 싶었지만, 그러다 보면 책이 너무 두꺼워지고 공부하는 데 있어서도 지루할 것 같아 예문을 2개씩만 싣게 되었습니다. 들고 다니면서 언제 어디서나 계속 공부할 수 있기 위해 분량을 조절하였습니다.
    언어는 꾸준히 매일 하는 것이 중요하지 않을까 합니다. 정해진 분량을 욕심내지 않고 성실하게 하다 보면 어느날 실력이 많이 향상되어 있으리라 생각됩니다. 이 책이 많은 분들에게 조금이라도 도움이 되기를 희망합니다.

2022. 11.

저자

차례

1. Day 1 / 7
2. Day 2 / 16
3. Day 3 / 25
4. Day 4 / 33
5. Day 5 / 42
6. Day 6 / 51
7. Day 7 / 61
8. Day 8 / 69
9. Day 9 / 77
10. Day 10 / 85
11. Day 11 / 93
12. Day 12 / 102
13. Day 13 / 110

14. Day 14 / 118

15. Day 15 / 126

16. Day 16 / 134

17. Day 17 / 142

18. Day 18 / 150

19. Day 19 / 158

20. Day 20 / 166

21. Day 21 / 174

22. Day 22 / 182

23. Day 23 / 190

24. Day 24 / 197

25. Day 25 / 205

⟨Day 1⟩

Nebulous [nébjuləs] ; 흐릿한, 모호한
유의어 indistinct, indefinite, unclear
What he said was too nebulous to understand.
그의 말은 너무 모호해서 이해할 수 없었다.
This term is nebulous – it might mean some basic knowledge of the national language, or the national history, or might even require an oath of allegiance.
이 용어는 불명확한 것입니다 – 이것은 어쩌면 국어나 국가의 역사에 대한 기초적인 지식을 의미하는 것이거나 아니면 충성의 맹세를 요구하는 것일지도 모릅니다.

Obsequious [əbsíːkwiəs] ; 아부하는
유의어 servile, ingratiating, unctuous
She is almost embarrassingly obsequious to anyone in authority.
그녀는 권력자라면 아무한테나 거의 당황스러울 정도로 굽신거린다.
Don't be very obsequious, or don't be overly critical if you want to keep yourself in the business.
회사에서 살아남기를 바란다면 지나치게 아첨하지도 비판하지도 말아라.

Quesay [kwíːzi] ; 욕지기나는, 메스꺼운, 약간 불안한

유의어 nauseous, nauseated, bilious

But breastfeeding in public does make some folks queasy.
하지만 공공장소에서 모유를 수유하는 행동이 분명 몇몇 사람들에게 불쾌감을 주는 게 사실입니다.
I was feeling a little queasy today.
오늘은 약간 속이 역겨웠거든요.

Onerous [ánərəs] ; 아주 힘든; 부담되는, 짐스러운

유의어 burdensome, heavy, inconvenient

The above rules may seem onerous, but they are easy to remember and will make your stay in the Land of Smiles a more pleasurable experience.
위의 규칙들은 귀찮아 보이지만, 그것들은 기억하기 쉽고 여러분이 미소의 땅에서 더 많은 기쁨을 경험할 수 있게 해 줄 거예요.
It's October again and both parents and students alike are preparing themselves for the onerous task of entering high school.
또 다시 10월이 오고, 부모님과 학생들 양쪽 모두 고등학교 입학이라는 번거로운 일을 준비하고 있다.

Derivative [dirívətiv] ; 파생어, 파생물, 다른 것을 본뜬, 새롭지 않은

The English Alphabet is derivative from the Greek Alphabet.
영어 알파벳은 그리스 알파벳에서의 파생물이다.
That poet doesn't interest me; his poems are too derivative.

나는 그 시인에게는 흥미가 없어, 그의 시는 너무 독창적이지 못하거든.

Morbid [mɔ́ːrbid] ; 병적인
유의어 ghoulish, macabre, unhealthy
The accused was in a wheelchair, aiming for the morbid gain effect.
피고인은 병의 이점 효과를 노리고 휠체어를 타고 있었다.
He had a morbid fear of fire after the accident.
그는 사고 이후 불에 대한 병적인 공포심이 생겼다

Fathom [fǽðəm] ; 헤아리다
유의어 understand, comprehend, work out
He couldn't fathom out what the man could possibly mean.
그는 그 남자가 도대체 무슨 의도였는지 가늠할 수가 없었다.
It is hard to fathom the pain felt at the death of a child.
자식의 죽음을 직면하고 느끼는 고통을 헤아리기는 어렵다.

Decimate [désəmèit] ; 대량으로 죽이다, 심하게 훼손하다
We do more to decimate our population in automobile accidents than we do in war.
전쟁에서보다 자동차 사고로 더 많은 사람이 죽는다.
It takes a lot of time to decimate Taliban supply lines and to cut off their money.
탈리반 군의 보급로를 초토화하고 지원금을 단절시키는 것에는 시간이 많이 걸린다.

Sparse [spɑːrs] ; 드문, (밀도가) 희박한
유의어 scanty, scant, scattered
The information available on the subject is sparse.
그 주제에 대한 정보는 드물다.
Vegetation becomes sparse higher up the mountains.
산맥의 위쪽으로 올라갈수록 식물이 드물어진다.

Debonair [dèbənɛ́ər] ; 멋지고 당당한, 사근사근한, 정중한
유의어 suave, urbane, sophisticated
A gentleman by his bearing, debonair and graceful, he looks the very picture of an impecunious count.
태도가 신사적이며 품위있고 우호한 가난뱅이 백작이란 바로 그 같은 사람을 말한다.
When she comes in, give her a dashing, debonair smile.
그녀가 들어오면, 그녀에게 활기차고 서글서글한 미소를 지어줘라.

Sagacious [səgéiʃəs] ; 현명한
유의어 wise, clever, intelligent
Benjamin Franklin had a great genius and sagacious discoveries in science.
벤자민 프랭클린은 천재성을 가지고 있었고 과학상의 현명한 발견을 많이 했다.
As politics is trumping economics, even a sagacious economic policy cannot compensate for foolish political decision.
정치가 경제를 누르게 되면서 현명한 경제 정책도 어리석은 정치적 결정을 보상하지 못한다.

Lewd [luːd] ; 외설적인, 선정적인

유의어 lecherous, lustful, licentious

They call me lewd, immoral, and vulgar.
그들은 나를 음란하며, 부도덕하고, 천박하다고 불렀다.
He is loutish, lewd and completely unfunny.
그는 꼴사납고, 추잡하고, 완전히 고리타분한 사람이다.

Contend [kənténd] ; 주장하다, 다투다

유의어 compete, fight, struggle

That is interesting and result producing idea. If you were starting at a new company, what actions would you take to contend in the market?
결실을 낼 만한 재미있는 아이디어군요. 만일 귀하의 사업을 시작하신다면 시장에서 경쟁하기 위해 어떻게 하시겠습니까?
Nurses often have to contend with violent or drunken patients.
간호사들은 폭력적이거나 술 취한 환자들과도 자주 씨름을 벌여야 한다.

Tedium [tíːdiəm] ; 지루함

유의어 monotony, monotonousness, tediousness

She longed for something to relieve the tedium of everyday life.
그녀는 일상생활의 지루함을 덜어 줄 뭔가를 갈구했다.
The most notable quality of a convention is its sheer tedium.
집회의 가장 주목할 특성은 지극히 단조롭다는 것이다.

Volition [voulíʃən] ; 자유 의지
Of course I'll visit her, but out of my own volition and not because I've been forced.
물론 나는 그녀를 찾아갈 텐데, 내 자신의 결단에 의한 것이지 강요받았기 때문이 아니다.
He left the company of his own volition.
그는 자신의 의지로 회사를 떠났다

Compliant [kəmpláiənt] ; 순응하는, 따르는
We should not be producing compliant students who do not dare to criticize.
우리는 더 이상 학생들을 비판하는데 두려워하도록 만들면 안된다.
By then, Henry seemed less compliant with his wife's wishes than he had six months before.
그때쯤이 되자 헨리는 6개월 전보다 아내가 바라는 것들에 덜 순응하는 것처럼 보였다.

Unseemly [ənsi'mli] ; 꼴사나운, 부적절한
유의어 indecorous, improper, inappropriate
The qualities that made her popular as a teenage star may be precisely the ones choking her career as an adult, leaving her looking like an unseemly parody as she tries to become a grown-up recording artist.
그녀를 인기 있는 십대 스타로 만들어 준 특징들이 성인 가수로서의 경력에는 걸림돌로 작용할 수 있기 때문이다. 즉 그녀가 성숙한 음악가로 거듭나려 할 때 그녀의 모습을 그저 어른을 흉내 내려는 어색한 모습으로 보이게끔 할 수도 있다는 것이다.
It was an unseemly row over money.
그것은 돈을 둘러싼 꼴 사나운 말다툼이었다.

Fete [feit] ; 행사, 환영하다
I rashly agreed to help organize the village summer fete.
나는 경솔하게 마을 여름 축제를 준비하는 것을 돕겠다고 했다.
The history of the Fete goes back to 1946, when the first annual Fete took place with two sports: basketball and soccer.
이 축제의 기원은 1946년으로 거슬러 올라가는데, 이 때에는 농구와 축구 두 운동경기와 함께 축제가 열렸다.

Tirade [táireid] ; 장황한 비난, 장광설
She launched into a tirade of abuse against politicians.
그녀가 정치인들을 매도하는 장광설에 들어갔다.
South Korea called for an interim accord on the exchanges of mails in hopes that North Korea would cease its propaganda tirade.
한국은 북한이 선전 공세를 중단하기를 기대하여 우편 교환에 관한 잠정 협정 체결을 제안했다.

Refute [rifjú:t] ; 논박하다, 부인하다
유의어 disprove, rebut, confute
If it took you hours to refute the bullshit, that's Brandolini's Law.
네가 헛소리를 반박하는 데 몇 시간이 걸렸다면 그게 브란돌리니의 법칙이라고 할 수 있지.
The barrister used new evidence to refute the charges and clear the defendant.
그 변호사는 피고에게 씌워진 혐의를 반박하고 그의 결백을 증명하기 위해 새로운 증거를 이용했다.

Chimerical [kimérikəl] ; 공상적인, 터무니없는; 비현실의, 기상천외의, 가공할
She is offering a rhetorical solution to a chimerical problem.
그녀는 터무니없는 문제에 대한 과장된 해결책을 제시하고 있다.
Sure, they have their reasons, chimerical though they may be: He's a Muslim.
물론 그들은 그들만의 이유들이 있어, 뭐 다소 비현실적이지만. 그는 무슬림이야.

Wane [wein] ; 약해지다, 줄어들다, 시들해지다
유의어 decrease, decline, diminish
His popularity is on the wane[decline].
그의 인기는 내리막을 걷고 있다.
But when he was 44, the allure of making money began to wane.
그러나 그가 44세가 됐을 때 돈을 좇는 것에 흥미를 잃기 시작했다.

Unison [jú:nisn] ; 조화, 화합, 동음
People say in unison that they are the best boy band in the

world.
사람들은 그들이 세계 최고의 보이 그룹이라고 입을 모은다.
We repeated after the teacher in unison.
우리는 선생님이 하는 말을 일제히 복창했다.

Mishap [míshæp] ; 작은 사고
유의어 accident, trouble, problem
They met with a slight mishap on the way.
그들은 도중에 가벼운 사고를 당했다.
The fingernail was black from a hammering mishap.
망치에 치인 손톱이 새까맣게 죽었다.

Defile [difáil] ; 더럽히다, 좁은 길
Someone used paint to defile the monument.
누군가가 페인트로 기념비를 훼손했다.
They have tried to defile her reputation.
그들은 그 여자의 명예를 훼손하려 애썼다.

⟨Day 2⟩

Glut [glʌt] ; 과잉, 과잉 공급하다
The current account surplus seems to be the result of the corporate saving glut of market leaders.
지금의 경상 수지 흑자는 시장 선도 기업들의 저축 과잉의 결과로 보인다.
Many banks are now asking whether the current capital glut might not lead to another international banking disaster.
은행들은 현재의 잉여 자본이 세계적인 금융 혼란을 다시 초래하지 않을지 궁금해한다.

Taut [tɔːt] ; 팽팽한
유의어 tight, stretched, rigid
The taut hand is hard on his troops.
훈육이 엄한 장교는 부대원들에게 가혹하다.
If you don't pull the rope taut, the tent will sag.
로프를 팽팽히 당기지 않으면 텐트가 처진다.

Wretched [rétʃid] ; 몸이 안 좋은, 비참한, 끔찍한, 형편없는
I felt wretched about the way things had turned out.
나는 일이 벌어진 방식에 대해 비참한 기분이 들었다.
The animals are kept in the most wretched conditions.

그 동물들은 더할 수 없이 끔찍한 환경 속에 갇혀 있다.

Aghast [əgǽst] ; 경악한, 겁에 질린
He stood aghast at the sight of so much blood.
그는 그처럼 많은 피를 보곤 경악한 채 서 있었다.
They stood aghast at this unforeseen disaster.
그들은 이 뜻밖의 재난에 아연할 뿐이었다.

Paltry [pɔ́ːltri] ; 보잘것없는, 쥐꼬리만한, 쓸데없는, 시시한
유의어 small, meagre, trifling
This account offers a paltry 1% return on your investment.
이 계좌는 당신의 투자에 대해 쥐꼬리만한 1%의 수익을 제공한다.
Despite a century-long march into the workforce, women still are a paltry 4 percent of top earners in America.
한 세기 동안의 직업전선의 전진에도 불구하고 여성들은 아직 미국의 고수입자 중에서 얼마 안 되는 4퍼센트를 차지하고 있다.

Sumptuous [sʌ́mptʃuəs] ; 호화로운
유의어 luxurious, grand, superb
Our first special is a sumptuous lamb curry, served on a bed of saffron rice with fresh vegetables and garden fresh salad.
첫 번째 특선 요리는 신선한 야채와 갓 따온 채소로 만든 신선한 샐러드와 함께 샤프론 쌀밥에 얹은 고급 양고기 카레입니다.
The guests turned up dressed in sumptuous evening gowns.
손님들은 사치스러운 야회복을 입고 나타났다.

Offal [ɔ́:fəl] ; (음식 재료로 쓰는 동물의) 내장

They then went on to eat the offal and muscle and then the bones.
그때 내장, 근육, 그리고 나서 뼈를 먹는 것을 계속했다.
His favourite dishes were offal, tripe, liver and other less mentionable appurtenances.
그가 좋아하는 음식은 동물의 내장, 간, 양등 잘 사용되지 않는 부가적인 부분들이다.

Mettle [métl] ; 패기

유의어 spirit, fortitude, tenacity
The next game will be a real test of their mettle.
다음 경기는 그들의 패기에 대한 진정한 시험이 될 것이다.
Your support will put me on my mettle.
네 응원이 날 분발하게 할 것이다.

Kith [kiθ] ; 친족, 친척

On holidays kith and kin are gathering together.
명절 때는 일가친척들이 모인다.
He stopped short of saying kith and kin, but that is what he meant.
그는 친척에 대해 짧게 말했지만, 그가 무엇을 의미하는지 알 수 있었다.

Noxious [nάkʃəs] ; 유독한, 유해한

The release of noxious fumes into the air has caused serious

air pollution.
유해한 연기를 대기에 방출하는 것이 심각한 대기 오염을 야기시켰다.
Hazardous and noxious substances are chemicals that threaten human health.
유해 화학 물질은 인간의 건강을 위협하는 화학물질이다.

Jejune [dʒidʒúːn] ; 너무 단순한, 고지식한, 재미없는

He made jejune generalizations about how all students were lazy and never did any work.
그는 전체 학생이 얼마나 게으르며 공부를 전혀 하지 않는가를 막연하게 설명했다.
They are jejune and therefore do not give much guidance.
그것들은 무척 단순해서 자세한 설명이 생략되어 있다.

Facile [fǽsil] ; 안이한, 손쉬운

유의어 simplistic, superficial, oversimple
The subject is too complex for a facile summarization.
그 주제는 너무 광범위해서 손쉬운 요약이 힘들다.
The dancer's facile movements were beautiful to watch.
댄서의 능숙한 동작이 보기에 아름다웠다.

Ennui [aːnwíː] ; 따분함, 권태감

유의어 boredom, tedium, listlessness
The whole country seems to be affected by the ennui of winter.
그 나라 전체가 겨울의 권태에 빠져 있는 것 같다.
The ennui seemed to have settled into his very bones because

nothing in life appealed to him.
인생에서 아무것도 자신에게 매력적이지 않았기 때문에 권태로움이 그의 뼛속에 자리잡은 것 같았다.

Deplete [diplíːt] ; 대폭 감소시키다
유의어 use up, reduce, drain
These chemicals are thought to deplete the ozone layer.
이 화학물질은 오존층을 감소시킨다고 생각된다.
These toxic substances can deplete the oxygen content of the water, discolor the water, and poison the natural inhabitants and plant life of the ecosystem.
이러한 유독 물질은 물의 산소 함량을 격감시킬 수 있으며 물색을 더럽히고 생태계의 자연 서식지와 식물을 파괴할 수 있다.

Hirsute [həːrsuːt] ; 털이 많은
유의어 hairy, shaggy, bushy
I guess you could say he's hirsute.
내 생각에는 그가 털이 많다고 말할 수 있을 것 같다.
Even at my advancing years and hirsute-ness I love and embrace the idea.
나이 들고 털투성이에도 나는 그 생각을 좋아하고 포용한다.

Laud [lɔːd] ; 칭찬하다
유의어 praise, extol, hail
Korean people laud General Shunshin Yi as a hero.
한국인들은 이순신 장군을 영웅으로 기린다.

There are times when people laud the children of working mothers for being more academically motivated and ambitious.
사람들은 일하는 엄마들의 아이들이 더 학업적으로 동기가 부여되고 야심적이라고 칭찬하는 시대이다.

Pristine [prísti:n] ; 완전 새 것 같은, 아주 깨끗한
유의어 immaculate, in perfect condition, perfect
They moved into a pristine new office which had brand new furniture and polished floors.
그들은 새 가구와 반짝 반짝하게 윤을 낸 바닥이 있는 청결한 새 사무실로 옮겼다.
To protect increasingly scarce native grasslands from development, local governments have been buying them from their owners, or offering tax incentives to leave them as pristine wildlife habitats.
점점 사라지고 있는 원주민의 목초지가 개발되는 것을 막기 위해서 지방 자치 단체들은 목초지를 소유주들로부터 매입하거나, 원래의 야생 생물 서식지로 보존하도록 하기 위해 세금 감면 혜택을 제공해 왔다.

Exude [igzú:d] ; 물씬 풍기다, (액체나 냄새를) 흘리다
But perhaps the most inspiring experience comes from the people themselves, who exude a genuine warmth and welcoming spirit.
하지만, 가장 기분 좋은 경험은 아마도 현지인들로부터 얻게 될 텐데요, 이들에게서 꾸밈없는 온정과 환영하는 마음을 느끼게 될 것입니다.
Some trees exude from their bark a sap that repels insect parasites.
어떤 나무는 껍질에서 곤충 기생충을 쫓는 수액을 유출한다.

Denizen [dénəzən] ; (특정 지역에서 사는) 사람[생물]
Rainbow trout is an underwater denizen distinguished by a set of unusually attractive silver scales.
무지개 송어는 독특하게 매력적인 은빛 비늘이 돋보이는 물속의 거주자다.
Of course the internet phone is a free service, but as every experienced web denizen knows, nothing is ever really free.
물론 인터넷 전화는 무료서비스이지만 웹을 사용한 경험이 있는 모든 사람들은 실제로 무료인 것은 없다는 점을 잘 안다.

Copious [kóupiəs] ; 엄청난, 방대한
유의어 abundant, superabundant, plentiful
She supports her theory with copious evidence.
그녀는 방대한 증거로 자기 이론을 뒷받침했다.
The copious documents are spread on the table.
많은 서류들이 테이블 위에 널려있다.

Transient [trǽnʃənt] ; 일시적인, 순간적인
유의어 transitory, temporary, short-lived
I don't want to devote my life to a transient gleam of hope.
나는 순간적으로 비친 희망의 빛에 내 인생을 바치고 싶지 않다.

Her son got well from a mild case of transient tachypnea of newborn.
그녀의 아들은 신생아 일과성 빈호흡에서 회복되었다.

Clemency [klémənsi] ; 관용, 관대한 처분
유의어 mercy, mercifulness, leniency
Granting clemency is a presidential prerogative that cannot be overruled by Congress.
죄를 사면하는 것은 대통령의 특권이기 때문에 의회에 의해서 기각될 수 없다.
The court showed the greatest clemency to him as far as the law permits.
법원은 법이 허용하는 범위 내에서 그에게 최대한 관용을 베풀었다.

Reproach [ripróutʃ] ; 비난, 책망, 나무람
유의어 rebuke, reproof, reproval
The captain's behaviour is above/beyond reproach.
그 선장의 행위는 나무랄 데 없다.
Her actions brought reproach upon herself.
그녀의 행동은 그녀 자신에게 치욕을 안겨 주었다.

Anarchy [ǽnərki] ; 무정부 상태, 난장판
The problem is how to diffuse power without creating anarchy.
문제는 어떻게 하면 무질서를 야기하지 않고 권력을 분산시키느냐이다.
The overthrow of the military regime was followed by a period

of anarchy.
군사 정권이 전복되고 뒤이어 한동안 무정부 상태가 이어졌다.

Gourmand [gʊrmɑːnd] ; 대식가
유의어 glutton, gourmandizer, overeater
Ooh, I didn't know you were such a gourmand.
오, 니가 그렇게 대식가인지 몰랐다.
I'm not a glutton[gourmand] but a gourmet.
나는 대식가가 아니라 미식가다

⟨Day 3⟩

Covet [kʌvit] ; 탐내다, 갈망하다
The magical bead enables dragons to fly, so most dragons covet it.
이 마법의 구슬은 용들이 날 수 있도록 힘을 주고, 그래서 대부분의 용들이 여의주를 탐냅니다.
Boys go up and down with flagons of wine, and fill to those that covet it
소년들은 포도주 병을 들고 오르락 내리락 하며, 술을 원하는 이들의 잔을 채웠다.

Credence [kríːdəns] ; 신빙성, 믿음
유의어 acceptance, belief, faith
Historical evidence lends credence to his theory.
역사적 증거가 그의 이론에 신빙성을 부여해 준다.
They could give no credence to the findings of the survey.
그들은 그 실태 조사 결과를 전혀 믿을 수가 없었다.

Digress [daigrés] ; 주제에서 벗어나다, 다른 말을 하기 시작하다.
유의어 deviate, go off at a tangent, diverge
Let me digress for a moment and explain what had happened previously.

잠깐 본론을 벗어나서 전에 무슨 일이 일어났었는지 설명하겠다.
Do you mind if I digress for a moment?
잠시 여담 좀 해도 되겠습니까?

Cabal [kəbǽl] ; 음모
유의어 clique, faction, coterie
A cabal of less than a handful of people at party headquarters is trying to overrule the democratic decision-making process.
당 지도부의 단 몇 명으로 이루어진 집단이 민주적 의사결정 과정을 좌우하려고 한다.
The play, which is born out of his anger at the Iraq war, has as its center a cabal of neoconservatives, bent on conflict and power, with names that leave few guessing who they represent.
이라크전에 대한 그의 분노로 탄생한 이 연극은 전투와 권력에 눈이 먼 신보수주의자들을 중심으로 전개되는데요, 등장인물들의 이름이 누구를 상징하는지 어렵지 않게 알 수 있습니다.

Wraith [reiθ] ; (사람의 사망 직전·직후에 나타나는) 유령
유의어 ghost, spectre, spirit
Yeah, but they don't attack the wraith.
그래, 그런데 그들은 귀신을 공격하지 않아.
You're doing this on purpose, to kill wraith.
너 유령을 죽이겠다고 고의로 이러고 있는 거야.

Yelp [yelp] ; (보통 아파서) 비명을 내지르다
The dog gave a yelp when his tail was stepped on.

개가 꼬리를 밟혀 캥캥 짖었다.
I rolled my ankle and let out a bit of a yelp.
난 발목이 접질려서 약간 소리를 질렀다

Amalgamate [əmǽlgəmèit] ; 합병하다
유의어 combine, merge, unite
They decided to amalgamate the two schools.
그들은 그 두 학교를 합치기로 결정했다.
It's all going to amalgamate in interesting ways.
이것은 모두 흥미로운 방법들로 합병될 것이야.

Brackish [brǽkiʃ] ; 염분이 섞인
A sea is filled with brackish water.
바다는 소금기 있는 물로 채워져 있다.
Salt water and fresh water mix to form brackish water.
소금물하고 순수한 물을 섞으면 소금기 있는 물이 된다.

Glutinous [glú:tənəs] ; 차진, 끈기가 많은
It is made by pounding glutinous rice or glutinous rice flour that has been steamed and cutting it into suitable-sized pieces.
찹쌀이나 찹쌀가루를 시루에 쪄내어 그것을 떡메로 쳐서 만든다.
Glutinous rice is sticky rice, which heats the body up.
찹쌀은 몸을 따뜻하게 해주는 찰진 밥이다.

Buttress [bʌ́tris] ; 지지대, 부벽, 지지하다, 힘을 실어 주다

The sharp increase in crime seems to buttress the argument for more police officers on the street.
범죄가 급증함에 따라 더 많은 경찰이 거리를 순찰해야 한다는 주장에 힘이 실리는 것 같다.
Many businessmen want the adoption of DST to serve as a stimulus to buttress domestic demand and increase economic growth.
많은 기업인들은 일광 절약 시간의 도입이 국내 수요를 지탱하고 경제 상승을 증가시키기 위한 자극으로 작용하길 바란다.

Antithetical [æ̀ntəθétik(əl)] ; 현저하게 대조를 이루는, 정반대의, 상반되는

유의어 opposed to, contrary to, contradictory to
And, in a way, it's kind of, I'm trying to make a piece that can, kind of, confront the massiveness of the building, yet be on the other hand sort of antithetical to the building, as well.
그리고 나는, 어떤 면에서는, 일종에, 건물의 거대함에 맞선다고나 할까, 그러면서 또 다른 한편으로는 건물에 대조가 되기도 하는 그런 작품을 만들려고 노력하고 있어요.
Literature is as antithetical to science as is religion.
문학은 종교가 과학에 대립하는 것 만큼이나 과학과 대립한다.

Alias [éiliəs] ; …라는 가명으로 알려진, 일명 …라 불리는, 가명

He checked into the hotel under an alias.
그는 가명으로 호텔에 투숙했다.
He rented a house with his alias.

그는 자신의 가명으로 집을 빌렸다.

Penitent [pénətənt] ; 뉘우치는, 참회하는, 회개하는 사람
It was hard to be angry with him when he looked so penitent.
그렇게 뉘우치는 기색을 보이고 있으니 그에게 화를 내기가 어려웠다.
Far from being penitent, he just kept making one excuse after another.
그는 잘못을 뉘우치기는커녕 변명을 늘어놓기에 바빴다.

Pedantic [pədǽntik] ; 지나치게 규칙을 찾는
His book bristles with pedantic horrors.
그의 책은 현학적이어서 짜증나게 한다.
The pedantic historian can easily sink into the annalist.
현학적인 사학자는 연대기 편자로 떨어져 버리기가 쉽다.

Ossify [ásəfài] ; 경화되다
The bones of a baby begin to ossify in the fourth month after birth.
신생아의 뼈는 생후 4개월 지나서부터 굳어지기 시작한다.
A civil service that does not change will ossify and die.
변화하지 않는 행정업무는 경직되어 사라질 것이다.

Orotund [ó:rətʌnd] ; 당당한, 인상적인, 과장된
He's one of the first Americans not to write in a very flowery way. John Adams' letters are very beautiful, but they're kind

of pompous and orotund and self important.
그는 꾸밈이 별로 없게 글을 쓰기 시작한 미국인 중 하나입니다. 존 애덤스의 편지들은 매우 훌륭하지만, 약간 거만하고 과장되고 자만심이 강합니다.
Whenever I hear Obama's vapid but orotund speeches, I am reminded of H.
오바마의 재미없지만 당당한 연설을 들을때마다, 나는 H가 생각난다.

Mendicant [méndikənt] ; 탁발하는
Mendicant orders in Catholic are forbidden to acquire landed property and required to be supported by charity.
가톨릭의 탁발 수도회는 토지 재산을 소유하는 것을 금지하고 자선 기금만 지원받도록 되어 있다.
Gautama followed the life of a mendicant as he proceeded from place to place instructing his disciples.
석가는 제자를 가르치며 이곳저곳을 전전하는 거지생활을 보냈다.

Assuage [əswéidʒ] ; (안 좋은 감정을) 누그러뜨리다
It has been suggested that Nobel's bequest may have been an attempt to assuage his guilt for the death and destruction that explosives cause.
노벨의 유언은 폭발이 가져온 죽음과 파괴에 대한 그의 죄의식을 달래기 위한 것이었다는 말이 있다.
They urged the government to act quickly to assuage the winter's projected energy crisis.

그들은 겨울에 예상되는 에너지 위기를 완화하기 위해서 정부에 즉각적인 행동을 요청했다.

Nugatory [njúːgətɔ̀ːri] ; 무가치한

유의어 worthless, of no value, of no importance
The actual content of the beliefs is largely nugatory.
그 신념의 진짜 내용은 주로 쓸모 없다.
That would create a lot of nugatory work for everyone.
그것은 모두에게 많은 쓸데없는 일꺼리를 만들어낼 것이다.

Obdurate [άbdjurit] ; 고집 센

The President remains obdurate on the question of cutting taxes.
대통령은 세금 삭감 문제에 대해 완고한 입장을 고수하고 있다.
North Korea is one of the most obdurate and unpredictable of nations.
북한은 가장 완고하고 예측 불허한 국가들 중에 하나다.

Misconstrue [miskənstru] ; 오해하다

유의어 misunderstand, misinterpret, misconceive
You have to be so careful not to do anything people might misconstrue.
사람들이 오해할 수 있는 일들을 하지 않도록 조심해야만 합니다.
It can be so easy to misconstrue someone's actual words.
누군가의 실제 말을 잘못 해석하기 아주 쉬울 수 있습니다.

Nominal [námənl] ; 명목상의, 이름뿐인
유의어 titular, formal, purported
He is the nominal leader[figurehead] of the organization.
그는 그 단체의 유명무실한 리더다.
He remained in nominal control of the business for another ten years.
그는 또 다시 10년 동안 계속 그 사업체의 명목상 경영자 자리에 있었다.

Manifest [mǽnəfèst] ; 나타내다, 분명한
His nervousness was manifest to all those present.
그가 초조해 하고 있다는 것이 참석한 모든 사람들이 보기에 분명했다.
The anger he felt is manifest in his paintings.
그가 느낀 분노가 그의 그림에 분명히 나타나 있다.

Inundate [ínəndèit] ; 감당 못할정도로 주다
If the dam breaks, it will inundate large parts of the town.
만약 댐이 무너지면 그 마을의 대부분 지역이 물에 잠길 것이다.
Well, I didn't want to inundate you with information.
글쎄, 나는 네가 정보에 허우적거리게 하고싶지 않았다.

Ameliorate [əmíːljərèit] ; 개선하다
Steps have been taken to ameliorate the situation.
상황을 개선하기 위한 조치들이 취해져 왔다.
The aim of their campaign is to ameliorate human rights.
그들의 캠페인의 목적은 인간의 권리들을(인권을) 개선하는 것이다.

⟨Day 4⟩

Macular [mǽkjulər] ; 반점이 있는
Researchers state that a similar strategy could someday be used to treat age-related macular degeneration (AMD), which is responsible for vision loss in more than 14 million older adults worldwide each year.
과학자들은 이와 유사한 치료법이 매년 세계적으로 1,400만 명의 노인들의 시력 감퇴의 주범인 노인황반변성(AMD)을 치료하는데 사용될 수 있게 될 것이라고 밝혔다.
Although there are currently no gene therapy trials under way to treat macular degeneration, scientists say that studies show that using a virus to repair defective genes involved in the disease is safe.
현재 황반변성의 치료를 위한 유전자 요법 임상 실험은 진행되고 있지 않지만, 과학자들은 이 연구가, 결함이 있는 유전자를 회복하는데 바이러스를 사용하는 것은 안전하다는 사실을 입증하는 것이라고 말한다.

Malinger [məlíŋgər] ; 꾀병을 부리다
There are too many malingerers in this company!
이 회사에는 꾀병을 부리는 사람들이 너무 많아!
They think he's a malinger.

그들은 그가 꾀병 부렸다고 생각한다.

Ironclad [aiˈərnklæˌd] ; 이의를 제기할 수 없는, 변경할 수 없는
Short of ironclad proof, then, what can you look for in deciding how much influence a study finding should have on your life?
완벽한 증거가 없는데, 연구 결과가 우리의 생명에 관해서 얼마나 많은 영향을 주는지를 결정하는 데 있어 우리가 무엇을 찾을 수 있는가?
Ironclad cures for pain? Athletes put their faith in power of magnets.
통증치료로 철판을 두른다고? 운동선수들은 자석의 힘에 신념을 두고 있다.

Insular [ínsələr] ; 배타적인, 편협한, 섬의, 섬과 관련된
Theirs is a very insular culture, protected as it is from outside influences.
그들의 문화는 외부의 영향으로부터 보호받아 온, 고립된 문화였다.
For the talk of world environment, the Japanese people are still terribly insular.
세계적인 관점에서 볼 때 일본인들은 아직도 대단히 섬나라 근성을 가지고 있다.

Atavistic [ætəvístik] ; 인간 본래의
They are atavistic remnants of a bygone world.
그들은 지나간 세계의 인간 본래의 잔재이다.
It really is time to stop these atavistic reparations.
이런 격세지감의 배상 정책은 정말로 멈춰야 할 때이다.

Dispatch [dispǽtʃ] ; 보내다, 파견, 발송
We are advised of the dispatch of the goods.
우리는 상품의 발송 통지를 받았습니다.
She sent her letter back with great dispatch.
그녀는 가능한 한 빨리 답장을 보냈다.

Dissident [dísidnt] ; 반체제 인사
Authorities had been looking for the cyber-dissident.
당국이 그 사이버 반체제 인사를 추적해 왔다.
The political dissident was arrested because he made a seditious speech.
그 반체제 인사는 선동성 연설을 한 혐의로 체포되었다.

Fatuous [fǽtʃuəs] ; 어리석은, 얼빠진
유의어 silly, foolish, stupid
It would be fair to say that the U.S. is engaging in fatuous pandering.
그것은 미국이 어리석은 인기 영합주의에 관여하고 있다고 말하는 것이 타당할 것이다.
It is fatuous and it does not add up.
그것은 어리석고 말도 안되는 일이다.

Fractious [frǽkʃəs] ; 짜증을 잘 내는, 괴팍한, 말썽을 부리는, 투덜대는
유의어 grumpy, grouchy, crotchety
He put his finger to his lips, as if hushing a fractious child.

그는 마치 떼 쓰는 어린아이의 입을 다물게 하려는 듯이, 손가락을 입술에 갖다 댔다.
The six fractious republics are demanding autonomy.
6개 공화국들이 말썽을 부리며 자치를 요구하고 있다.

Indegent [índidʒənt] ; 궁핍한
유의어 poor, impecunious, destitute
We help the indigent. We provide food and shelter.
저희는 빈곤한 사람들을 돕습니다. 저희는 그들에게 음식과 잠자리를 제공하죠.
She helps the indigent people.
그녀는 빈곤한 사람들을 돕는다.

Lassitude [læsətjùːd] ; 노곤함, 무기력
유의어 lethargy, listlessness, weariness
Shareholders are blaming the company's problems on the lassitude of the managing director.
주주들은 그 회사가 안고 있는 여러 문제를 전무이사의 무기력 탓으로 돌리고 있다.
His lassitude was because of a long illness.
그 애가 피로해 하는 것은 오랫동안 아팠기 때문이었다.

Laudable [lɔ́ːdəbl] ; 칭찬할 만한
유의어 praiseworthy, commendable, admirable
Her concern for accurate recording is laudable.
정확한 기록에 대한 그녀의 관심은 칭찬할 만하다.

Helping an old person cross the street is a laudable act.
노인이 길을 건너는 것을 도와주는 일은 칭찬받을 만한 행동이다.

Attenuate [əténjuèit] ; 약화시키다, 희석시키다

The star couple tried to attenuate their scandal through the press conference.
그 스타 커플은 기자회견을 통해 자신들의 스캔들을 약화시키려 했다.
You might want to attenuate your thoughtless remarks once in a while.
여러분은 이따금씩 의도와는 무관하게 내뱉는 말들을 자제하고 싶을 겁니다.

Accolade [ǽkəlèid] ; 포상, 칭찬

유의어 honour, recognition, privilege
For his outstanding achievement, he received the accolade.
그의 놀라운 업적으로, 기사 작위를 수여 받았다.
The Nobel Peace Prize would be a richly deserved accolade for Korean President Kim, who has doggedly planned and worked toward peace.
노벨 평화상은 평화를 위해 끈질기게 계획하고 일해온 한국의 김 대통령에게는 충분히 자격 있는 영예가 될 것이다.

Cryptic [kríptik] ; 수수께끼 같은, 아리송한

I am a lover of old movies, especially looking for cryptic ones.
나는 오래된 영화를 좋아하고 특히 잘 알려지지 않은 영화를 추구한다.

Until one day when she finds a cryptic note hidden in her house.
어느 날 미란다가 집에 숨겨진 암호 같은 쪽지를 발견하게 될 때까지는 그랬다.

Elicit [ilísit] ; (정보·반응을 어렵게) 끌어내다
The ghost skull and skeleton in a darkened corner of your house will elicit the maximum fear response dramatically.
귀신의 해골과 뼈를 집의 어두운 구석에 두면 공포에 대한 최대한의 극적인 반응을 이끌어 낼 수 있다.
Our politicians become so rotten that brazen acts of corruption and venality hardly elicit public outrage anymore.
우리 정치인들은 대단히 썩어빠졌기 때문에 부패와 금품수수와 같은 뻔뻔스러운 행동은 더 이상 여론의 분노를 이끌어내지 못하고 있다.

Foist [fɔist] ; 떠맡기다, 속여서 팔다, 몰래 써넣다
His honeymoon with parliamentary leaders soured when they realized that the prime minister was trying to foist most of the dirty work onto them.
총리와 의회 지도자들 사이의 밀월이 깨진 것은 총리가 대부분의 궂은 일을 그들에게 떠넘기려고 기도하고 있음을 의회 지도자들이 인식하면서이다.
In doing so, we must bear it in mind that those methods were foist on us by socialist dogma.
그렇게 함으로써, 우리는 사회주의 도그마로 인해 우리에게 억지로 떠넘겨진 그 방법들을 명심해야만 한다.

Infer [infə́ːr] ; 추론하다, 뜻하다, 암시하다
유의어 deduce, reason, work out
It is reasonable to infer that the government knew about these deals.
정부가 이들 거래에 대해 알고 있었다고 추론하는 것은 타당하다.
From the evidence we can infer that the victim knew his killer.
그 증거로부터 희생자가 범인과 아는 사이였음을 유추할 수 있다.

Lustre [lə́ˈstər] ; 윤기, 광택
The presence of the prince added lustre to the occasion.
왕자가 참석하여 그 행사에 빛을 더해 주었다.
Through his homely features, and humble garb, the intrepidity of soul came out in all its lustre!
그의 수수한 특징이나 평범한 복장에서, 용맹함이 전적으로 빛을 발했다.

Nurture [nə́ːrtʃər] ; 양육하다, 양육, 육성, 양성
유의어 upbringing, training, education
It's important to nurture a good working relationship.
좋은 업무 관계를 육성하는 것이 중요하다.
Many businesses run online channels to nurture leads.
많은 기업이 잠재 고객을 육성하기 위해 온라인 수단을 운영한다.

Pathos [péiθas] ; 연민을 자아내는 힘
유의어 poignancy, tragedy, sadness
There's a pathos in his performance which he never lets slide

into sentimentality.
그의 연기에는 연민을 자아내는 힘이 있지만 그는 그 비애감을 결코 감상적인 것으로 떨어지게 하지 않는다.
The tale is well balanced between comedy and pathos.
그 얘기는 희극미와 비감이 잘 조화되어 있다.

Adulterate [ədʌ́ltərèit] ; 불순물을 섞다
It is a crime to adulterate food without informing the buyer.
소비자에게 알리지 않고 음식에 불량첨가물을 넣는 것은 범죄이다.
However, urine is the easiest type of sample for a donor to adulterate.
하지만, 소변이 기증자에게 가장 쉽게 섞일 수 있는 유형의 샘플이다.

Shoal [ʃoul] ; (물고기) 떼
We waste lots of time in searching for a sizeable shoal.
우리는 큰 물고기 떼를 찾는 데 많은 시간을 허비했다.
They have been chasing the big shoal for three months.
그들은 큰 물고기떼를 3개월 동안이나 따라 다녀왔다.

Putrid [pjú:trid] ; 부패하는, 썩는, 아주 불쾌한, 구역질 날 정도인
We came across the putrid body of a dead fox while we were walking in the woods.
숲을 산책하다가 우리는 죽은 여우의 썩은 사체를 우연히 보았다.
The meat was in a putrid state.
고기는 썩어 있었다.

Quietude [kwáiətjùːd] ; 정적, 고요

There broods upon this charming hamlet an old-time quietude and privacy.
이 아름다운 촌락에는 옛날 같은 정온과 은밀함이 서려 있었다.
In many of his poems, the poet reflects on the quietude of the countryside.
많은 시에서 그 시인은 시골의 고요함에 대해 성찰한다.

⟨Day 5⟩

Energetic [ènərdʒétik] ; 정력적인; 정력을 요하는, 힘든
유의어 active, lively, dynamic
The heart responds well to energetic exercise.
심장은 격렬한 운동에 잘 반응한다.
For the more energetic, we offer windsurfing and diving.
더 활동적인 분들께는 윈드서핑이나 다이빙을 권합니다.

Remiss [rimís] ; 태만한
유의어 negligent, neglectful, irresponsible
It was remiss of them not to inform us of these changes sooner.
그들이 이들 변동 사항에 대해 우리에게 더 일찍 알려주지 않은 것은 태만한 처사였다.
I have been remiss in writing to him.
게으른 탓으로 그이한테 편지도 못하고 있다.

Torpor [tɔ́ːrpər] ; 무기력
유의어 lethargy, torpidity, sluggishness
In the heat they sank into a state of torpor.
더위 속에서 그들은 무기력 상태에 빠졌다.
A deathlike torpor has succeeded to her former intellectual ac-

tivity.
그 여자는 이전의 지적 활동에 뒤이어 죽은 듯한 마비 상태에 이르렀다.

Whorl [wəːrl] ; 와상문, 소용돌이무늬

He has a hair whorl on the left side of his head.
그는 머리 왼편에 가마가 있다.
If the opposite finger were a whorl this would be classified as a whorl, and with the same tracing.
만약 반대쪽 손가락이 소용돌이라면, 이것은 소용돌이로 분류될 것이고, 같은 흔적을 가지고 있을 것이다.

Zenith [zíːniθ] ; 천정(天頂), 정점, 절정

At that time the Roman Empire was at the zenith of its power.
그 당시 로마 제국은 극성기에 있었다.
It was the emotional zenith of Oscar night.
그건 오스카 시상식에서 가장 감동적인 순간이었다.

Grandstand [grǽndstænd] ; 그랜드스탠드(야외 경기장의 지붕이 씌워져 있는 관람석)

The game was played to a packed grandstand.
그 경기는 그랜드스탠드가 만원을 이룬 가운데 진행되었다.
From her house, we had a grandstand view of the celebrations.
그녀의 집에서 우리는 그 경축 행사를 그랜드스탠드에 앉은 것처럼 볼 수 있었다.

Inquest [ínkwest] ; 조사, 사인 규명, 검토

유의어 enquiry, investigation, inquisition
An inquest is always held if murder is suspected.
살인이 의심되는 경우 검시가 행해진다.
An inquest was held on the team's poor performance.
그 팀의 부진한 실적에 대한 검토가 있었다.

Imperious [impíəriəs] ; 고압적인

유의어 peremptory, high-handed, commanding
She sent them away with an imperious wave of the hand.
그녀는 오만하게 손을 저어 그들을 물러가게 했다.
She conducts herself with an imperious manner.
그녀는 오만한 태도로 처신한다.

Baleful [béilfəl] ; 악의적인, 해로운

유의어 menacing, threatening, unfriendly
A baleful prelude to the catastrophe is soon to engulf the whole of Europe.
재앙의 불길한 서곡이 곧 유럽 전체를 삼킬 것이다.
Ever since they first peered into the night skies, humans have been awed and become intrigued by Mars' baleful red glare.
인간은 처음 밤하늘을 관찰한 이래 화성의 사악한 붉은 빛에 두려움과 호기심을 느껴왔다.

Synapse [sínæps] ; 신경 접합부, 시냅스

No neuron or synapse is intelligent.

뉴런이나 시냅스는 지능을 가지고 있지 않다.
Finally, the place where an axon's branches come in contact with the next cell dendrite is called a synapse.
축색돌기의 가지들과 다른 뉴런의 세포가지돌기가 접촉하는 그 연접부위를 우리는 시냅스라고 부릅니다.

Fulminate [fʌlmənèit] ; 맹렬히 비판하다
Newspaper columnists continued to fulminate about grammatical failings of the president.
신문 컬럼니스트들은 대통령의 문법적인 실수에 대해서 계속 비난했다.
The curators probably fulminate at all this as much as I do.
책임자들은 나만큼이나 이 모든 것에 대해서 맹렬하게 비판할 것이다.

Hallmark [ha'lmark] ; 특징
유의어 trademark, sure sign, telltale sign
A diploma is the hallmark of capacity.
졸업 증명서는 능력을 증명하는 보증서이다.
Simplicity of design is a hallmark of our machine.
디자인의 단순함이 우리의 기계가 가진 특징이다.

Grating [gréitiŋ] ; 쇠창살, 귀에 거슬리는
The sun was shining through the iron grating.
쇠창살 사이로 햇빛이 눈부시게 빛나고 있었다.
It sounds kind of like a grating, metal-scratching-metal type of noise.

귀에 거슬리는, 쇠로 쇠를 긁는 종류의 소음이에요.

Empirical [impírikəl] ; 경험에 의거한, 실증적인

In addition, basis for design comes from the development of empirical equations.
또한 방정식의 전개를 통해서도 설계의 기반을 설립한다.
He was often bold and blunt about his views, and willing to change them when the empirical evidence led him to believe that his original perceptions were wrong.
그는 자신의 관점에 대해 종종 대담하고 둔감한 편이었으나, 경험을 통해서 자신의 처음 생각이 틀렸다는 판단이 내려지면 생각을 바꾸려 했다.

Discernment [disə́:rnmənt] ; 안목

Discernment connotes wisdom, so in a sense, judgment and wisdom go hand in hand.
분별력은 현명함을 내포하고, 따라서 어떤 측면에서는 판단력과 현명함은 서로 협력해요.
Discernment is one of the tests of the educated mind.
판단력은 교육받은 사람의 한 증거이다.

Contentious [kənténʃəs] ; 논쟁을 초래할

유의어 argumentative, wrangling, bickering
A referee can replay contentious accidents in the RRA.
심판은 심판 비디오 판독 구역에서 논쟁이 된 사고 영상을 다시 볼 수 있다.

The ruling party and the opposition agreed to defer legislation of the contentious bill.
여야는 쟁점 법안의 처리를 유보하기로 합의했다.

Conniving [kənáiviŋ] ; (남을) 음해하는, 묵인하는
유의어 scheming, plotting, colluding
More troubled than conniving, I'm sure.
묵인하는 것보다 더 문제라고 저는 확신합니다.
She knew that if she said nothing she would be conniving in an injustice.
그녀는 자신이 아무 말도 하지 않으면 부정을 묵인하는 것이 되리라는 것을 알고 있었다.

Surrogate [sə́:rəgèit] ; 대리의, 대용의
The president considers her his surrogate daughter.
그 대통령은 그녀를 그의 수양딸로 여긴다.
She saw him as a sort of surrogate father.
그녀는 그를 일종의 대리 아버지로 간주했다.

Auspicious [ɔ:spíʃəs] ; 상서로운
유의어 favourable, propitious, promising
According to Chinese geomancy, this site is a most auspicious location.
풍수지리에 따르면 여기가 명당이다.
White elephants are regarded auspicious in Buddhism.
불교에서 흰 코끼리는 상서로운 동물로 여겨진다

Variegated [vέəriəgèitid] ; 얼룩덜룩한, 다양한 종류로 이뤄진
유의어 multicoloured, particoloured, varicoloured
The field is variegated with all kinds of flowering plants.
들판은 가지가지 꽃들로 채색되어 있다.
If he wants to make an impact, he should smuggle bleak stories such as these into a more variegated book.
그가 영향를 남기고 싶다면, 이와 같은 스산한 내용들을 더 다양하게 엮은 책으로 꾸며야 한다.

Untempered [ʌntémpərd] ; 단련되지 않은, 조절되지 않은, 누그러지지 않은
My nerves had suddenly become things of stolid, untempered iron.
내 신경들이 갑자기 둔감하고 단련되지 않은 철처럼 되었다.
Macbeth's untempered envy lead to the killing of Duncan to obtain kingship for himself.
맥베드의 조절되지 못한 시기심은 스스로 왕위를 얻기 위해 던컨을 살해하는 결과를 낳았다.

Teetotal [ti:tóutəl] ; 술을 입에도 대지 않는
The man is supposed to be teetotal.
남자는 술을 마시지 않는 사람이 되어야만 한다.
My mate Peter Kay is teetotal.
나의 배우자 피터 케이는 금주가이다.

Sidereal [saidíəriəl] ; 항성(恒星)의, 별의

Sidereal hour is based on the movement of the Earth in relation to the stars.
항성시는 별들과 관련된 지구의 움직임에 기반을 두고 있다.
The scientist's calculations were based on sidereal time, which was related to the earth's rotation around fixed planets.
그 과학자의 계산법들은 항성 시간에 기반하였고, 이는 고정된 행성들 주변을 지구가 회전하는 것과 관련이 있었다.

Seminal [sémənl] ; 중대한

유의어 influential, formative, groundbreaking
It is one of his seminal pieces.
그것은 그의 중요한 작품들 중의 하나이다.
By recreating the sensation in the eye that views the subject, rather than recreating the subject, and by creating a new combination of techniques and forms, Impressionism became seminal to various movements in painting which would follow.
주제를 재창조하기 보다는 주제를 보는 눈에 감각을 재창조함으로써 그리고 기술과 형식의 조화를 이룸으로써 인상주의는 후에 나오는 그림에 다양한 운동에 감화를 주었다.

Renege [riní:g] ; 어기다

Opposition parties were quick to point out the government's attempt to renege on campaign promises.
야당은 정부의 이런 움직임은 선거공약을 위반하는 행위라고 재빨리 꼬집었던 것이다.

In our society, if you renege on a contractual agreement, then the offended party can, in most cases, sue you.
우리의 사회에서, 계약상에 동의한 것을 어기게 되면 피해를 입은 쪽은 대부분의 경우 당신을 고소할 수 있다.

⟨Day 6⟩

Rarefied [rɛ́ərəfàid] ; 극히 일부 사람들만 이해하는, 산소가 희박한
유의어 esoteric, exclusive, select
It is not easy to breathe at very high altitudes where the atmosphere is rarefied.
공기가 희박해지는 고도가 매우 높은 곳에서는 숨쉬는 것이 쉽지 않다.
It is hard to breathe in the rarefied air of the mountains.
산의 희박한 공기 속에서는 숨쉬기가 힘들다.

Accretion [əkríːʃən] ; 부착
유의어 accumulation, collecting, gathering
A mineral augments by accretion.
광물은 다른 물질이 부착하여 커진다.
The accretion of wealth marked the family's rise in power.
부의 증대로 그 가문은 더 많은 권력을 누리게 되었다.

Analgesic [ænəldʒíːzik] ; 진통제
The nurse administered analgesic to the patient.
간호사는 환자에게 진통제를 투약했다.
This cream contains a mild analgesic to soothe stings and bites.
이 연고는 약간의 진통 효과가 있어서 벌레에 쏘이고 물린 상처를 가라앉힌다.

Besiege [bisíːdʒ] ; 포위하다, 에워싸다
They must be today in some I besiege as east today.
내가 오늘 동쪽으로 포위하고 있는 어떤 곳에 그들은 오늘 있어야만 한다.
Though an army besiege against me my heart will not fear.
군대가 나에 대항하여 나를 포위할지라도 나는 두렵지 않을것이다.

Bifurcate [báifərkèit] ; 두 갈래로 나뉘다
Biology shows very clearly that species are related by descent, and they bifurcate off from ancestral populations.
생물학은 종들이 서로 혈통에 의해서 연관 되어 있다는 것을 매우 분명하게 보이며, 그들의 조상 집단에서 갈래로 나뉘어진다는 것을 볼 수 있다.
They can, for instance, divide, or bifurcate, to form two copies of the original structure.
예를 들어서 그들은 원본에서 두 가지 형태의 복사본을 만들기 위해 두 갈래로 나뉘어질 수 있다.

Castigate [kǽstəgèit] ; 크게 책망하다, 혹평하다
유의어 reprimand, rebuke, admonish
Chinese newspapers find some reason to castigate Japan for the atrocities its troops committed in China during World War II.

중국의 신문사들은 일본군이 2차 대전 중에 중국에서 저지른 만행에 대해 비난하기 위한 이유들을 제시한다.
The North Koreans regularly castigate the United States for maintaining 36,000 soldiers in South Korea and for perpetuating the division of Korea.
북한은 3만 6000명의 미군이 한국에 주둔하고 있는 사실에 대해 늘 미국을 비난한다.

Veritable [vérətəbl] ; 진정한

When Spanish conquerors arrived in Mexico in the 16th century, they found a veritable Eden and quickly despoiled it.
16세기에 스페인 정복자들이 멕시코에 도착했을 때 그들은 진짜 에덴을 발견하고는 즉시 약탈했다.
My garden had become a veritable jungle by the time I came back from holiday.
휴가에서 돌아와 보니 내 뜰은 진짜 정글이 되어 있었다.

Ambidextrous [æmbidékstrəs] ; 양손잡이의, 양손을 다 잘 쓰는

My grandfather was ambidextrous, so he could write with both his left and his right hands.
우리 할아버지는 양손잡이여서 왼손과 오른손으로 다 글씨를 쓰실 수 있었다.
The company became more flexible through ambidextrous innovation.
그 회사는 양손잡이형 혁신을 통해 더욱 유연해졌다.

Viscosity [viskásəti] ; 점도(粘度), 점착력

When fast flowing, low viscosity magma meets shallow sea, it's like throwing water into a chip pan — there's a spectacular explosion producing gigantic clouds of steam,' said Professor Paul Wignal from the University of Leeds.
점도가 낮은 용암이 빨리 흘러 얕은 바다와 만나는 것은 프라이팬에다 물을 붓는 것과 같다. 엄청난 폭발로 인해 거대한 양의 증기 구름이 생긴다'라고 리즈대학교의 폴 위그널 교수가 말했다.
They evaluated sperm samples on eight different quality parameters: average sperm count, liquefaction time, pH, viscosity, volume, motility, and percentage of normal morphology.
그들은 8개의 다른 기준으로 정자 샘플들을 검사했어요: 평균 정자 수, 액화 시간, PH, 점도, 양, 운동성, 그리고 평범한 형태학의 퍼센티지.

Underwrite [ə'ndərrait] ; 동의하다, 인수하다

Students must have the ways they can underwrite their college expenses, still in the beginning of high school.
학생들은 고등학교에 다니기 시작하면서부터 그들의 대학비용을 보증할 수 있는 방법을 알아야 한다.
My father said he would not underwrite my education unless I study medicine.
아버지께서는 내가 의학 공부를 하지 않으면 교육비를 대지 않겠다고 말씀하셨다.

Undergird [ʌndərgə́:rd] ; …의 밑을 단단하게 묶다, 뒷받침하다

Certainly these systems, and the ideologies that undergird

them, can provide the moral justification for greed and corruption.
확실이, 이 시스템들과 이 시스템들을 뒷받침하는 사상들은 탐욕과 부패에 대한 도덕적 정당화가 될 수 있다.
When the common people lose faith in the basic myths which undergird a society or civilization, the end is at hand.
한 사회나 문명을 견고하게 묶어주는 기본 신화에 대한 믿음을 그 사회 다수 구성원들이 상실하게 될 때 그 사회는 종말을 맞이하게 된다.

Tumultuous [tjuːmʌltʃuəs] ; 떠들썩한
Revelers welcomed 2019 on Tuesday with fireworks displays and festivities as a celebratory wave swept westward across the globe from Asia to Europe and the Americas, putting to bed a tumultuous 2018.
격동의 2018년에 작별인사를 하는 축제의 물결이 화요일 아시아에서부터 시작해 서쪽으로 향하며 유럽, 아메리카까지 전 세계를 휩쓸었고, 사람들은 불꽃놀이와 축제로 2019년을 맞이했다.
This is especially so, since these people are the victims of Korea's tumultuous modern history as a powerless colony and of being in the forefront of the Cold War.
이것은 특히 그런데 이들은 힘 없는 식민지로서 한국의 격동적인 현대사와 냉전의 최전선에 있던 희생자들이기 때문이다.

Apocryphal [əpάkrəfəl] ; 출처가 불분명한, 사실이 아닌 듯한
유의어 fictitious, made-up, untrue

The legendary goddess story is apocryphal, but many Indians actually believe it.
전설적인 여신 이야기는 낭설이지만 많은 인도 사람들은 사실상 믿고 있다.
It's a good story, but I dare say it's apocryphal.
좋은 이야기이지만 아마 위작일 것이다.

Bolster [bóulstər] ; 북돋우다, 강화하다
유의어 strengthen, support, reinforce
The trade route runs along the established bus lines and is expected to bolster relations between the two sides.
교역로는 이미 만들어진 버스노선을 따라 지나가며 두 지역의 관계를 강화할 것으로 기대된다.
Falling interest rates may help to bolster up the economy.
금리 하락이 경제 부양에 도움이 될지도 모른다.

Fetid [fétid] ; 악취가 진동하는
유의어 stinking, smelly, foul-smelling
A rolling stone gathers no moss. Rolling water doesn't become fetid.
흐르는 물은 썩지 않는다.
The air was fetid, the room a shambles.
공기는 악취가 났었고, 방은 수라장이었다.

Arbitrary [ά:rbətrèri] ; 임의적인, 제멋대로인, 전횡을 일삼는, 독단적인

It was an arbitrary decision to choose red instead of blue.
파란색 대신 빨간색을 고른 것은 그녀 멋대로의 결정이었다.
The choice of players for the team seemed completely arbitrary.
그 팀의 선수 선발은 완전히 제멋대로인 것처럼 보였다.

Flout [flaut] ; 어기다, 무시하다

Japanese flout world pact on whale hunt, killing more than 18,000 dolphins a year.
일본인들은 1만 8천마리의 돌고래를 매년 죽이면서 고래 사냥에 대한 세계 협약을 비웃었다.
No one can so blithely flout the court's decision.
누구도 법원의 결정을 그렇게 부주의하게 비난할 수는 없다.

Brandish [brǽndiʃ] ; 휘두르다

The banker was forced to brandish a pencil knife in order to chase the robbers away eventually, but it was very frightening.
은행 직원은 연필 깎는 칼을 휘두르면서 강도들을 뒤쫓았지만 그 상황은 상당히 무서웠다.
What you want is to let the other person know that you did not like what he did without coming across as combative, ready to brandish your high-powered firearms at the slightest hint of movement.
여러분이 원하는 것은 아주 작은 움직임의 기색에 고성능 소화기를 휘두를 준비가 되어 투쟁적인 느낌을 주지 않고, 다른 사람이 한 일을 여러분이 좋아하지 않았다는 것을 알기 바라는 것입니다.

Annul [ənʌl] ; 취소하다
The parents of the eloped couple tried to annul the marriage.
가출한 연인의 양가 부모는 그들의 결혼을 취소하려했다.
Failure to annul this vote would establish a precedent.
이번 투표를 무효화하지 못하게 된 것이 하나의 선례가 될 것이다.

Allure [əlúər] ; 매력
유의어 attract, lure, entice
But when he was 44, the allure of making money began to wane.
그러나 그가 44세가 됐을 때 돈을 좇는 것에 흥미를 잃기 시작했다.
Sports has a subtle allure.
스포츠에는 묘한 매력이 있다.

Lucid [lúːsid] ; 명쾌한, 명료한
She's delirious, but has lucid intervals.
그녀는 정신이 온전하지 못하지만 잠깐씩 맑은 정신일 때도 있다.
In a rare lucid moment, she looked at me and smiled.
드물게 의식이 또렷한 순간에는 그녀가 나를 보고 웃기도 했다.

Ethos [íːθas] ; (특정 집단·사회의) 기풍
The new leadership will help build a lasting ethos of clean government.
새로운 리더십이 깨끗한 정부의 영원한 기품을 만드는 데 도움을 줄 것이다.
With so many of the buildings in Paris following a similar

framework and ethos of decadence and aestheticism, Notre Dame can be pointed to as being the first of its kind in a city known for its grand designs.
파리의 매우 많은 건물들이 비슷한 구조와 데카당스와 예술 지상주의의 기풍을 가지고 있는데 노트르담은 파리에서 그 장엄한 디자인으로 유사한 건물 중에서 으뜸으로 지적할 수 있다.

Extant [ékstənt] ; 현존하는
Medieval customs are extant in some parts of Europe.
중세의 관습이 유럽 일부 지역에 남아 있다.
All seven extant sea turtle species are endangered to some degree in the wild.
현존하는 일곱 종류의 바다 거북은 야생에서 멸종 위기를 맞고 있다.

Muse [mju:z] ; 뮤즈(고대 그리스로마 신화에서 시, 음악 및 다른 예술 분야를 관장하는 아홉 여신들 중의 하나), 사색하다, 골똘히 생각하다
He felt that his muse had deserted him.
그는 자신의 뮤즈가 자기를 버렸다는 기분이 들었다.
While the documents show that Mona Lisa and Leonardo may have been acquainted, no records today can prove without a doubt that she also was his muse.
이 문서를 보면 모나리자와 레오나르도가 서로 아는 사이였을 수도 있다는 것을 알 수는 있지만 그녀가 실제로 그의 그림에 영감을 주었는지를 명확히 밝혀주는 기록은 현재까지 없습니다.

Errant [érənt] ; 잘못된, 바람을 피우는, 딴 짓을 하는

I bought the errant size batteries here yesterday.
어제 여기서 배터리를 샀는데, 크기가 틀려서요.
I'd like to clear up the common errant conceptions that American society is based on money.
나는 미국 사회가 돈에 기반을 두고 있다는 그릇된 생각을 일소하고 싶다.

⟨Day 7⟩

Abate [əbéit] ; 약해지다, (강도를) 약화시키다
유의어 decrease, lessen, diminish
Steps are to be taken to abate pollution.
오염을 줄이기 위한 조치들이 취해져야 한다.
His excessive anger began to abate.
그의 엄청난 분노는 점점 사그러들었다.

Strut [strʌt] ; 뽐내며 걷다, 지주
The catwalk is just as famous for the waif-like models that strut up and down it as it is for the fashionable looks that they display.
패션쇼 무대는 그것을 앞뒤로 오가는 매우 마른 모델들로 유명하다. 그것이 그들이 선보이는 유행하는 외모를 위한 것이기 때문이다.
So hold your head up high and strut your stuff!
그러니 여러분의 고개를 높이 들고 당당하게 걸어라!

Puerile [pjúəril] ; 유치한, 바보 같은
That a grown man should descend to such puerile accusations is astonishing.
어른이 점잖지 못하게 그런 어린애 같은 비난을 하다니 놀랍다.
Many people say this story is somewhat puerile. Do you agree

with them?
많은 사람들이 영화 내용이 다소 유치하다고들 하는데, 두 분은 어떻게 생각하시는지요?

Taunt [tɔːnt] ; 놀리다, 비웃다, 조롱하다
He became a taunt to his neighbors.
그는 이웃 사람의 웃음거리가 되었다.
The taunt hit him hard.
그 모욕을 당하고 그는 마음이 몹시 상했다.

Wanton [wɑ́ntən] ; 타당한 이유 없이 고의적인, 마구 놀아나는, 음탕한
The robbers have been involved in wanton beating of innocent people and deliberate destruction of bank building.
강도들은 제멋대로 무고한 사람을 때리고 고의적으로 은행 건물을 파괴한 혐의를 받고 있다.
His wanton conduct irritates me.
그의 방자한 행동에 화가 난다.

Purist [pjúərist] ; 순수주의자
I am not a purist in such issues.
나는 이러한 문제에 대해 순수주의자가 아니다.
I am a purist and a traditionalist in many things.
나는 많은 것에서 순수주의자이며 전통주의자이다.

Quixotic [kwiksɑ́tik] ;

The prime minister has been described variously as an eccentric, quixotic reformer and the "Mick Jagger" of Japanese politics.
그 수상은 유별난 돈키호테식 개혁자, 그리고 일본 정치계의 믹 재거와 같이 다양하게 묘사되어 왔다.
This is a vast, exciting and perhaps quixotic project.
이것은 방대하고 신나는 돈키호테식의 기획이다.

Ribald [ríbəld] ; 야한
The movie is vulgar, raunchy, ribald, and occasionally scatological.
그 영화는 천박하고, 선정적이고, 야하고 종종 지저분하기까지한다.
Her film retains the book's provocative, ribald tone, but pulls back from some of its stronger content.
그녀의 영화는 책의 도발적이며 야한 분위기를 유지하지만, 더 도발적이며 야한 몇몇 내용은 다루지 않는다.

Wry [rai] ; 비꼬는, 풍자적인
His mouth twisted into a wry smile.
그의 입이 비뚤어지면서 조소를 띠었다.
He pulled a wry face when I asked him how it had gone.
내가 그에게 그것이 어떻게 되었느냐고 묻자 그가 얼굴을 묘하게 일그러뜨렸다.

Surly [sə́ːrli] ; 성질 못된, 무례한
Surly young men gathered on the street corner, looking for

trouble.
험상궂은 젊은이들이 거리 한구석에 모여서 사고 칠 궁리를 하고 있었다.
It's worth putting up with expensive, cold coffee, surly service, and grubby cutlery, for the sake of one of the finest views of any cafe anywhere.
비싸면서 식어 빠진 커피, 불친절한 서비스, 지저분한 나이프와 포크 같은 것도 다 참아줄 수 있을 겁니다. 이 세상 어느 카페보다도 아름다운 경치를 감상하기 위해서라면 말입니다.

Lurid [lúərid] ; 야한, 충격적인, 끔찍한
Accurate reporting takes second place to lurid detail.
정확한 보도는 끔찍한 세부 묘사보다 덜 중요한 것으로 여겨지고 있다.
The paper gave all the lurid details of the murder.
그 신문은 그 살인 사건의 모든 끔찍한 내용을 세세히 전하고 있었다.

Rue [ru:] ; 후회하다
You'll live to rue it.
언젠가는 그것을 후회할 것이다.
If we get wrong the provisions for prudential borrowing, pooling, business zones and trading, we will rue the day.
만약 우리가 신중한 대출, 풀링, 비즈니스 구역과 거래에 대한 규정을 잘못 알고 있다면, 우리는 후회할 것이다.

Stratum [stréitəm] ; 층, 지층, 단층, 계층

Internet boom adds a whole new stratum of industry to the Korean economy.
인터넷 혁명은 한국 경제에 아주 새로운 산업의 층을 더했다.
The decline in public welfare programs transfers public wealth from middle class to the 1% upper stratum of society
공공복지 프로그램의 쇠퇴로 인해 공공의 재화가 중산층으로부터 상위 1% 계층으로 이동하고 있다.

Candid [kǽndid] ; 솔직한, 자연스러운 모습 그대로 찍은

유의어 frank, outspoken, forthright
Let's open our minds to each other and have a candid conversation.
우리 서로에게 마음의 문을 열고 솔직한 대화를 나눠보자.
They have had candid talks about the current crisis.
그들은 현재의 위기에 관해서 솔직한 이야기를 나누었다.

Tenet [ténit] ; 주의(主義), 교리(敎理)

It is a tenet of contemporary psychology that an individual's mental health is supported by having good social networks.
탄탄한 사회조직에 속해 있을 때 한 개인의 정신건강도 유지된다는 것이 현 시대 심리학의 신조이다.
Nonviolence was the fundamental tenet of Gandhi's philosophy.
비폭력이 간디 철학의 근본적인 주의였다.

Livid [lívid] ; 몹시 화가 난, 격노한, 검푸른, 시퍼런
Everyone was livid since we collectively worked on it.
저희는 다 함께 일해 왔기 때문에 모두의 안색이 변했습니다.
His face turned livid with anger.
그의 얼굴은 노여움으로 납빛이 되었다.

Toady [tóudi] ; 아첨꾼, 알랑쇠, 아첨하다, 알랑거리다
That toady is kissing her ass.
저 아첨쟁이는 그녀에게 굽실거리고 있다.
I'm expecting that toady Corbett to arrive any minute.
나는 지금 당장에라도 그 아첨꾼 Corbett이 도착할 것이라고 예상한다.

Caustic [kɔ́ːstik] ; 가성의, 부식성의, 신랄한, 비꼬는
The author was subjected to a caustic remark.
그 작가는 신랄한 혹평을 받았다.
There was no need for him to make such a caustic remark.
그가 그런 혹평을 할 필요가 없었다.

Kindle [kíndl] ; 시작하다, (불을) 붙이다
To awaken interest and kindle enthusiasm is the sure way to teach easily and successfully.
흥미를 일깨우고 열정에 불을 붙이는 것은 쉽고 성공적으로 가르치는 분명한 길이다.
He used paper to kindle a fire in the stove.
그는 종이를 써서 난로에 불을 붙였다.

Inure [injúər] ; 익히다, 단련하다, 효력을 발생하다, 도움이 되다
She found, however, that it was one to which she must inure herself.
그러나, 그녀는 그것이 그녀 스스로 단련해야 하는 것임을 깨달았다.
This Agreement shall be binding upon and inure to the benefit of the affiliates of the Company and/or the Manager.
본 계약은 회사 및 또는 관리자의 계열사에 구속력을 가지며 이익이 된다.

Tome [toum] ; 두꺼운 책
This tome is so big and heavy that the little girl can barely move it.
이 장서는 꼬마 아가씨가 들기에는 너무 크고 무겁다.
See that old tome on that table?
테이블 위에 있는 오래된 책 보이지?

Walnut [wɔ́:lnʌt] ; 호두
This walnut has a lot of meat.
이 호두는 살이 많다.
Taking a walnut plank, the sculptor carved the expressive, stylized design.
호두나무판자를 택해서, 그 조각가는 그 표현력 있고 스타일있는 디자인을 조각했다.

Coerce [kouə́:rs] ; 강압하다

The organization may coerce her to do the work.
조직은 그녀에게 그 일을 하도록 강요할지도 모른다.
In this era of shared information, politicians and bureaucrats should no longer try to coerce, guide or even persuade the people, but tell the truth as clearly as they can and then seek the public's understanding.
정보를 공유하는 이런 시대에 정치인들과 관료들은 더 이상 국민들을 강요하고, 인도하거나 심지어 설득하려고 노력하지 말고, 가능한 한 분명히 사실을 말해준 다음에 국민들의 이해를 구해야 한다.

Impervious [impə́:rviəs] ; 영향받지 않는, 통과시키지 않는, 불침투성의

She is impervious to all the gossip about her.
그녀는 자기에 관한 소문 일체에 대해 둔감하다.
This material is thought to be impervious to decay.
이 물질은 썩지 않는 것으로 여겨진다.

Latent [léitnt] ; 잠재하는, 잠복해 있는

Her latent talent was recently discovered through the performance.
그녀의 숨은 재능이 그 공연을 통해 최근에 밝혀졌다.
The boy has latent athletic ability that is not yet developed.
그 남자아이는 아직 개발되지 않은 잠재적인 운동 능력이 있다.

⟨Day 8⟩

Grievous [gríːvəs] ; 통탄할
유의어 disastrous, calamitous, serious
He had been the victim of a grievous injustice.
그는 통탄할 부당 행위의 피해자였다.
They pleaded guilty to charges of assault with the intent to do grievous bodily harm.
이들은, 심각한 상해를 입히려는 의도로 폭행을 저지른 혐의에 대해 유죄를 인정했습니다.

Contiguous [kəntígjuəs] ; 인접한, 근접한
유의어 adjacent, neighbouring, adjoining
The two states are contiguous with each other, but the laws are quite different.
이 두 주는 서로 인접해 있지만 각각의 법은 상당히 다르다.
The United States today consists of 50 states, the socalled 48" contiguous" states, meaning they border one another, and Alaska and Hawaii, which are separated from the contiguous states.
오늘날 미국은 50개 주로 구성되어 있으며, 그 중 48개 주가 서로 인접해 있는 이른바 '붙어 있는'주(州)들이며, 나머지 2개 주 알래스카와 하와이는 이들과 따로 떨어져 있다.

Impermeable [impə́ːrmiəbl] ; 통과시키지 않는, 불침투성의
It was easy to form into different items, was tough and hard wearing, was impermeable to water and insulating to electricity.
그것은 다른 물건으로 변환하기 쉽고, 질기고 오래갔으며, 방수가 되고 전기가 통했습니다.
I find it impermeable and prejudicial to competition.
난 그것이 불투명하며 경쟁에 좋지 않다는 걸 알게 되었다.

Semantic [simǽntik] ; 의미의, 의미론적인
Words are the smallest semantic units that can combine to form new sequences with different meanings.
단어란 다른 의미를 가진 새로운 전후관계를 형성하기 위해 결합할 수 있는 가장 작은 의미 단위들을 말한다.
I don't completely deny the possibility of a semantic web, but machines themselves can't understand what we naturally want.
저는 시멘틱 웹의 가능성을 완전히 부정하지는 않지만, 기계 자체는 우리가 자연스럽게 원하는 것을 이해할 수 없습니다.

Hoodwink [húˈdwiŋk] ; 속이다
According to a Chinese government official, animal feed makers deliberately added the industrial chemical to their products to hoodwink protein contents.
중국 정부 관계자에 따르면, 동물 사료제조업자들이 단백질 함유량을 속이기 위해 그들의 제품에 고의적으로 공업용 화학성분을 첨가했습니다.

I think they're trying to hoodwink the boys.
그들이 그 소년들을 속이려고 하는 거 같아.

Fervent [fə́:rvənt] ; 열렬한, 강렬한
This program is being rerun in response to the fervent requests of our viewers.
시청자의 열화와 같은 요청에 따라 이 프로그램을 재방송합니다.
As a Methodist, he was a fervent advocate of temperance.
감리교 신자로서 그는 절제의 열렬한 옹호자였다.

Scintilla [sintílə] ; 아주 적은 양
There is not a scintilla of truth in what she says.
그녀가 하는 말에 진실성이라고는 털끝만큼도 없다.
There was not a scintilla of action on the environment.
환경을 보호하기 위한 행위 자체는 조금도 찾아볼 수 없었다.

Culpability [kʌlpəbíləti] ; 책임
Most Asian nations think Japan has dissembled about its wartime culpability.
많은 아시아 국가들은 일본이 전시의 죄에 대해서 시치미를 떼왔다고 생각한다.
There was a debate about his moral culpability.
그의 도덕적 책임에 대한 논쟁이 있었다.

Redress [rí:dres] ; 바로잡다, 보상, 배상
Attempts are being made to redress the imbalance between

our import and export figures.
우리의 수출입 수치상의 불균형을 바로잡기 위한 시도들이 이뤄지고 있다.
So long as we continue with nonsenses like that we will never redress poverty in this country.
그런 잘못을 바로잡지 않는 한 우리는 결코 이 나라의 빈곤 문제를 해결하지 못할 것입니다.

Indictment [indáitmənt] ; 폐단의 흔적, 기소
This led to his indictment on allegations of conspiracy.
이 일은 결국 그에 대한 음모 혐의 기소로 이어졌다.
Her report is expected to deliver a damning indictment of education standards.
그녀의 보고서는 교육 수준을 비판하는 고발장적 성격을 띨 것으로 예상된다.

Prodigal [prádigəl] ; 낭비하는
Is it true that he has been prodigal with company funds?
그가 회사 자금을 낭비했다는 것이 사실이에요?
Her prodigal habit was beyond the beyonds.
그녀의 낭비벽은 허용 한도 초과였다.

Dissonance [dísənəns] ; 불협화음, 불화, (의견) 충돌
유의어 inharmoniousness, discordanceatonality, cacophony
Those two men's duet was in dissonance[dissonant].
두 남자의 이중창은 불협화음을 이루고 있었다.

When dissonance occurs, the rhythmic difference in wavelengths can be easily heard.
불협화음이 일어나면, 파장의 리듬의 차이는 쉽게 들릴 수 있습니다.

Inculcate [inkʌ́lkeit] ; 심어 주다
Our football coach has worked hard to inculcate a team spirit in the players.
우리 축구팀 코치는 선수들에게 단체정신을 가르치기 위해 열심히 노력했다.
It is going to be tough to inculcate a venture startup mentality by teaching divisional managers a new corporate culture.
사업부 관리자들에게 벤처기업과 같은 정신을 새로운 기업 문화로 가르치기는 어려울 것이다.

Pellucid [pəlúːsid] ; 티 하나 없이 깨끗한, 투명한
유의어 translucent, transparent, clear
That glass looks as pellucid as nothing is there.
유리가 너무 투명해서 아무 것도 없는 것 같네요.
The waters of the lake were strikingly clear and pellucid.
호수의 물은 놀랄만큼 맑고 투명했다.

Leaven [lévən] ; 효모, 변화를 주다
We have perceptions of the same leaven.
우리는 같은 종류의 인식을 가지고 있다.
The old leaven and bad habits are very hard to shake off.
낡은 습관과 나쁜 습관은 고치기 어렵다.

Noisome [nɔ́isəm] ; 역겨운
The stagnant pond gives off a noisome stench.
못에 괸 물은 역한 악취를 풍긴다.
Rats are unromantic animal that they are widely considered noisome and disruptive.
쥐는 낭만적이지 않은 동물로 불쾌하고 파괴적인 동물로 널리 알려져 있다.

Sanguine [sǽŋgwin] ; 낙관적인, 자신감이 넘치는
유의어 optimistic, bullish, hopeful
He tends to take a sanguine view of the problems involved.
그는 관련된 문제들에 대해 낙관적인 견해를 갖는 경향이 있다.
They are less sanguine about the company's long-term prospects.
그 회사의 장기적인 전망에 대해서는 그들이 덜 낙관적이다.

Paragon [pǽrəgàn] ; 귀감, 모범
She was certainly no paragon of virtue!
그녀는 분명히 선의 귀감은 아니었어!
He wasn't the paragon of virtue she had expected.
그는 그녀가 기대했던 미덕의 귀감이 아니었다.

Ruminate [rúːmənèit] ; 심사숙고하다, 곰곰이 생각하다
유의어 think about, contemplate, consider
We need to co-ruminate on the issue of racial discrimination.
우리는 인종차별 문제에 대해서 함께 고민할 필요가 있습니다.

At the end of the prosperous 1990s, Korean college-graduates seem inclined to ruminate about matters of employment.
번영했던 1990년대가 끝나고 한국의 대졸자들은 취직문제에 대해서 고민하고 있는 것처럼 보인다.

Denigrate [dénigrèit] ; 폄하하다
However, Cheong Wa Dae officials are wrong to denigrate the previous two summits as just photo sessions that ended up giving aid to Kim and getting nothing in return except for the North's continuous nuclearization.
그러나 청와대 관계자들이 북한에게서 지속적인 핵개발 외에는 아무 것도 얻지 못한 지난 두 회담을 그저 사진 촬영 정도로 비하하는 것은 옳지 않다.
You cannot denigrate religion in that way.
당신은 그런 방식으로 종교를 평가절하 할 수 없습니다.

Pithy [píθi] ; 간결하나 함축적인
I think that the debate was pithy.
나는 그 토론이 간결했다고 생각한다.
His speech was cogent, succinct and pithy.
그의 연설은 설득력 있었고, 간결했으며, 핵심을 찔렀다.

Slake [sleik] ; 갈증을 해소하다, 욕구를 충족시키다
He felt that he must slake the thirst in his throat.
그는 그가 목의 갈증을 해소해야 한다고 느꼈다.
I need to slake my thirst.

나는 갈증을 풀어야 해.

Arson [ɑ́ːrsn] ; 방화
She was the innocent victim of an arson attack.
그녀는 방화 사건의 무고한 희생자였다.
The police are investigating the subway arson.
경찰은 지하철 방화를 조사하고 있는 중이다.

Disparate [díspərit] ; 서로 전혀 다른, 이질적인
He had no speech prepared, so he only made disparate remarks.
그 사람은 연설을 미리 준비하지 않았기 때문에 이런 저런 이야기만 했다.
The two cultures were so utterly disparate that she found it hard to adapt from one to the other.
그 두 문화는 너무나 근본적으로 달라서 그녀는 한 문화에서 다른 문화로 적응하는 것이 어렵다고 보았다.

Stasis [stéisis] ; 정체(停滯)
The result is an American economy in stasis.
그 결과는 미국 경제의 정체 상태이다.
She is on the system, yes, but not in stasis.
물론 그녀도 제도상에 있지만 가만히 있지 않았다.

⟨Day 9⟩

Feckless [féklis] ; 무기력한, 무책임한
That is why they are so feckless and unreliable at times.
그렇기 때문에 그들은 때때로 아주 무기력해서 신뢰할 수 없다.
Certainly, it felt like a feckless waste of time.
확실히, 그것은 무기력한 시간 낭비처럼 느껴졌다.

Squelch [skweltʃ] ; 쩌억 쩍 소리가 나다. 억누르다, 진압하다
They squelch their introverted personality traits in order to do what they love.
그들은 그들이 사랑하는 일을 하기 위해 내향적인 성격을 짓누릅니다.
Even though Timberlake has been rapid-fire swift to squelch any rumors of marriage in the past, the couple remained happy and content.
팀버레이크가 과거에 이 둘의 결혼에 대한 어떠한 소문들에 대해 잇달아 신속히 진압하긴 했지만 이 커플은 행복해하고 만족하며 지냈다.

Parry [pǽri] ; 쳐내다, 슬쩍 피하다
I am good at thrust and parry.
나는 응수를 잘한다.
It's Leth's ability to parry every thrust from Von Trier that makes this directorial duel so rewarding.

본 트리어의 모든 공격을 막아내는 렛스의 능력이 이 감독 결투를 매우 보람있게 만든다.

Efface [iféis] ; 지우다, 없애다
The whole country had tried to efface the memory of the old dictatorship.
나라 전체가 옛 독재의 기억을 지우려고 노력했다.
He decided to efface some lines from the script.
그는 대본에서 몇 줄을 지우기로 결심했다.

Furtive [fə́ːrtiv] ; 은밀한, 엉큼한
She cast a furtive glance over her shoulder.
그녀가 자기 어깨 뒤쪽으로 은밀히 시선을 던졌다.
Most alcoholics are furtive, who prefer to buy liquor to drink alone.
대부분의 알콜 중독자들은 은밀해서 술을 사서 혼자 마시는 것을 좋아한다.

Stipple [stípl] ; 점묘법(點描法)으로 그리다
Did you see my stipple portrait?
점묘법으로 그린 초상화를 봤니?
They got a local painter to stipple the walls.
그들은 벽에 점묘법으로 그릴 지역 화가를 구했다.

Presage [présidʒ] ; 전조가 되다
After a brief discussion, the economists agreed the high rate

of unemployment would more than likely presage an economic crisis.
간단한 토론 후에, 경제학자들은 높은 실업률이 경제 위기의 전조라는 것에 동의했다.
It is held to presage deadly evils.
그것은 무서운 화해를 예시하는 것으로 믿어지고 있다.

Raconteur [rækantə́ːr] ; 이야기를 재미있게 잘 하는 사람
He knew many jokes and was an excellent raconteur.
그는 많은 농담을 알았으며 뛰어난 이야기꾼이었다.
He is an outstanding raconteur and mimic.
그는 눈에 띄는 이야기꾼과 흉내쟁이다.

Querulous [kwérjuləs] ; 불평하는, 짜증내는
Because the general was distrustful, the officers were dissatisfied and querulous.
그 장군은 믿음직하지 못했기 때문에 장교들은 만족하지 못하고 투덜거렸다.
I was somehow in a querulous mood, and probably should have stayed home.
나는 뭔가 불만스러운 상태였기 때문에 아마도 집에 머물러 있는 편이 나았을 것이다.

Strident [stráidnt] ; 귀에 거슬리는, 공격적인, 단호한
The official press has been strident in its denunciation of the movement and, as usual, quick to sense conspiracy.

그 기관지는 눈에 거슬리게 그 운동을 비난해 왔으며, 늘 그러했듯이 공모가 진행되고 있음을 알아차리는 데에는 무척 잽쌌다.
In the New York Times, art critic Michael Kimmelman writes that "Wright's Guggenheim has always been like an explosion on Fifth Avenue, strident, awkward, loud, deferring not a whit to anything around it."
미술 평론가 마이클 키멀맨은 뉴욕 타임즈지에 "라이트의 구겐하임은 언제나 눈에 띄게 다르고, 어색하며, 개성이 너무 강해 주변 경관과는 전혀 다른 모습으로, 5번가의 독특한 건물로 자리잡고 있었다"라고 쓰고 있습니다.

Posit [pázit] ; 사실로 상정하다

If we posit that wage rises cause inflation, it follows that we should try to minimize them.
임금 인상이 통화 팽창을 초래한다고 단정한다면, 당연히 임금 상승을 최소화하도록 노력해야 한다는 얘기가 된다.
Most religions posit the existence of life after death.
대부분의 종교는 사후 세계가 존재함을 상정한다.

Skiff [skif] ; 소형 보트

Authorities found the skiff tied to a dock at a home and arrested the 13-year-old driver.
관계자들은 소형보트가 부두에 메어있는것을 발견하고 13살 운전자를 체포했다.
Another teen aboard the skiff was injured, authorities said.
보트에 승선한 또다른 십대가 부상을 입었다고 관계자가 밝혔다.

Acumen [əkjúːmən] ; 감각

유의어 astuteness, awareness, shrewdness

His business acumen and leadership ability will be invaluable to the company facing the immediate challenges of the rivals.
그의 비즈니스적 재능과 리더쉽 능력은 회사에게 경쟁자들의 긴박한 도전에 맞서는 데 대단히 귀중한 요소다.
She has considerable business acumen.
그녀는 상당한 사업 수완을 가지고 있다.

Natty [nǽti] ; 멋진, 세련된

He is a natty dresser in his well-designed suit and blue hat.
그는 정장을 말쑥하게 잘 차려입고 머리에는 파란 모자를 쓰고 있다.
It was pretty natty and has proved popular.
이건 꽤 산뜻하고 인기가 있었다.

Suborn [səbɔ́ːrn] ; 매수하다

The man has asked my client to suborn perjury.
그 남자는 내 의뢰인에게 위증하도록 매수할 것을 부탁했다.
A bishop would not seek to suborn a Member of this place.
주교는 이곳의 구성원을 굴복시키려 하지 않을 것이다.

Supine [suːpáin] ; 게으른, 무기력한; 무관심한, 반듯이 누운

He snores when he sleeps in a supine position.
그는 뒤로 누워 잘 때는 코를 곤다.
We walked along the beach, past the rows of supine bodies

soaking up the sun.
우리는 즐비하게 누워 태양을 흠뻑 빨아들이고 있는 반듯이 누워있는 사람들을 지나 해변을 따라 걸었다.

Surmise [sərmáiz] ; 추측, 추정, 추측하다
His guilt was a matter of surmise.
그가 유죄라는 건 순전히 추측이었다.
Experts surmise[conjecture] that the ceramic vase is at least three hundred years old.
전문가들은 그 도자기가 적어도 3백 년 이상 된 것으로 추측하고 있다.

Quisling [kwízliŋ] ; 부역자
Quisling is tried and executed for treason.
배신자들은 반역죄로 재판을 받고 처형당한다.
I do expose you as a quisling.
나는 너를 배신자로 폭로한다.

Sully [sʌ́li] ; 훼손하다
But too much rivalry can lead to unfortunate accidents and sully otherwise sublime quests to overcome human limitations.
그러나 지나친 경쟁은 인간의 한계를 극복한 숭고한 여정을 훼손하는 불쾌한 사태를 유발할 수도 있다.
They have sullied the legacy of their own forebears and betrayed the trust of their own supporters.
그들은 자신들의 선조들의 유산을 더럽히고 지지자들의 신뢰를 저버렸다.

Travesty [trǽvəsti] ; 졸렬한 모방, 모조품

New York Times called Bush's plan for secretly trying terrorists a travesty of justice.
뉴욕 타임즈는 부시 대통령이 비밀스럽게 테러리스트를 재판하려는 계획이 정의를 왜곡시키는 것이라고 주장했다.
The defendant said that the legal system is close to a travesty or a joke.
피고인은 법체계가 익살극이나 농담과 비슷하다고 말했다.

Abut [əbʌt] ; 인접해 있는

Where our estates abut, we must build a fence.
우리 땅의 경계에 울타리를 쳐야 한다.
Both premises are in entirely residential areas where their large back gardens abut the gardens of many neighbours.
두 건물 모두 넓은 뒷마당이 이웃들의 정원과 맞닿아 있는 완전히 주거 지역에 있다.

Vagary [vəgɛ́əri] ; 예측 불허의 변화, 괴팍한 언행, 변덕

Certainly in the mental composition of every one of us is some quirk, some vagary, some dear senseless delusion, avowed or private.
확실히, 우리 모두의 정신 구성은 좀 기이하고, 좀 변덕스럽고, 무의미한 망상을 좋아하고, 공식적이거나 개인적이다.
Every vagary of taste is anticipated.
어떤 취미의 사람이라도 만족하도록 배려되어 있다.

Analogue [ǽnəlɔ̀(:)g] ; 아날로그식인

No conversion from analogue to digital data is needed.
아날로그 데이터를 디지털로 전환할 필요가 없다.
The system changed from analogue to digital.
시스템이 아날로그에서 디지털로 바뀌었다.

Trenchant [tréntʃənt] ; 정곡을 찌르는

He is the wittiest political cartoonist around with trenchant, thoughtful ideas.
그는 통렬하고 깊이 있는 생각을 가진 가장 위트가 있는 정치 만평가다.
He wrote a series of trenchant articles on the state of the British theater.
그는 연속으로 영국 연극계의 현 상황에 대한 신랄한 기사를 썼다.

Untoward [ʌntuɔˈrd] ; (보통 좋지 못한 방향으로) 뜻밖의

He had noticed nothing untoward.
그는 무슨 별다른 것을 눈치 채지 못했었다.
His violent and inappropriate statement was an untoward event of the evening.
그의 과격한 탈선적인 말은 그날 저녁의 불행한 일이었다.

⟨Day 10⟩

Vex [veks] ; 성가시게 하다
Separation of church and state, continue to vex the Philippines to this day.
교회와 국가의 분리는 오늘까지도 필리핀을 계속 괴롭히고 있다.
These problems vex the mind of Europe.
이러한 문제가 유럽인들의 마음을 괴롭히고 있다.

Calumny [kǽləmni] ; 중상, 비방
A person commits the sin of calumny or slander when by lying he injures the good name of another.
거짓말로 다른 사람의 명예를 훼손하면 중상죄나 명예훼손죄에 해당한다.
The fashion company had to send its own e-mails to counter the calumny which happened on April Fools Day.
그 패션 회사는 만우절 날 발생한 비방에 맞서기 위해서 스스로 이메일을 보내야만 했다.

Aver [əvə́ːr] ; 단언하다
I would aver that none of this is true, as I hope to demonstrate.
저는, 제가 증명하고자 하다시피, 이 어떠한 것도 사실이 아니라고 주장하겠습니다.

It is no answer to aver that we live in a time of low inflation.
우리가 저 인플레이션 시대에 살고 있다는 주장에 대한 답은 없다.

Vernal [və́:rnl] ; 봄의
The lengths of night and day are the same during the vernal equinox.
춘분은 밤과 낮의 길이가 같다.
Her robe assume its vernal hues.
그녀의 예복은 봄의 빛깔을 가정했다.

Calibrate [kǽləbrèit] ; 눈금을 매기다
The astronomers used the stars to calibrate several other methods of measuring distances.
천문학자들은 이 별들을 이용해 다른 몇 가지 은하 간의 거리 측정법들을 더 정확하게 조정했습니다.
We'll send a technician out to your site every six months to calibrate the equipment and do routine maintenance.
저희는 6개월마다 귀사의 현장에 기술자를 파견해서 기계의 눈금을 조정하고 정기적으로 관리해 드립니다.

Secrete [sikrí:t] ; 분비하다, 감추다
Many species of trees secrete toxic materials into the soil to inhibit the growth of and competition from other plant species.
많은 종의 나무들은 유독 물질을 토양에 분비해 다른 종의 성장을 억제하고 경쟁을 막는다.
Hippos secrete a thick, red substance from their pores.

하마는 모공에서 걸쭉하고 붉은 물질을 배출한다.

Revamp [rivæˈmp] ; 개조하다
The loss of two Mars probes compelled NASA to revamp its Mars office.
화성 탐사선 두 개를 잃고 나서 미항공우주국은 화성 업무를 개편할 수밖에 없었다.
The company must revamp its internal structure and strengthen its competitiveness.
그 회사는 내부 구조를 개혁하고 경쟁력을 강화해야만 한다.

Assail [əséil] ; 공격을 가하다, 괴롭히다
We decided to strike[assail] the enemy in the middle of the night.
우리는 한밤중에 적을 치기로 했다.
War, famine, pestilence, assail him by turns.
전쟁, 기근, 전염병이 순차적으로 그를 괴롭힌다.

Cardinal [káːrdənl] ; 추기경, 가장 중요한
Be sure to check cardinal marks to avoid hazards.
위험을 피할 수 있도록 위험물을 나타낸 항로 표지를 꼼꼼히 보십시오.
Cardinal Stephen Kim Sou-hwan was a Roman Catholic cardinal.
김수환 스테파노 추기경은 로마 가톨릭 추기경이었다.

Scabbard [skǽbərd] ; 칼집
The Wiccan priestess drew a black-handled athame from its scabbard.
위카 여사제가 검은색 손잡이의 의식용 칼을 칼집에서 빼냈다.
He drew the sword from its scabbard.
그가 칼집에서 칼을 뽑았다.

Desiccate [désikèit] ; 건조시키다
Because it's such a dry environment out here, the baits desiccate so fast that they are not giving off a lot of odour.
이곳 밖은 너무나 건조한 환경이기에, 미끼가 너무 빨리 건조되어 많은 악취를 풍기지는 않는다.
If war desiccate and lay waste our fields, under new cultivation they will grow green again and ripen to future harvest.
전쟁이 우리의 들판을 건조시켜 황폐화시킨다면, 새로운 경작하에, 그것들은 다시 푸르게 자라서 미래 수확할때까지 익을 것이다.

Aspersion [əspə́ːrʃən] ; 비난, 비방, 중상
Not to cast aspersion on the fraternities, but there are some complaining about noise-making people who wearing shirts with Greek letters.
학생클럽을 모욕하려는 것은 아니지만 그리스 문자를 새긴 셔츠를 입은 학생들의 소란에 대한 불만은 좀 있다.
That is not an aspersion on magistrates.
그것은 치안판사에 대한 비난이 아닙니다.

Cloister [klɔ́istər] ; 회랑, 수도원 생활
The cloister of the classical architecture is a nice place to take a picture.
고전 건축의 회랑은 사진 찍기 좋은 장소이다.
I'll retreat to my cloister now.
나는 다시 내 수도원으로 돌아가겠다.

Rescind [risínd] ; 폐지하다
I'm sure we could rescind the sale.
우리가 그 판매를 무효화할 수 있다고 확신한다.
You're gonna rescind your own ruling.
당신은 본인의 판단을 취소할 수밖에 없을 것입니다.

Derision [diríʒən] ; 조롱, 조소
He became an object of universal derision.
그는 만인의 조롱거리가 되었다.
Her speech was greeted with howls of derision.
그녀의 연설에는 심한 조소가 쏟아졌다.

Articulate [a:rtíkjulət] ; 분명히 표현하다, 또렷한
These courses are designed to articulate with university degrees.
이들 강좌는 대학 학위와 연계되도록 설계되어 있다.
All we could hear were loud sobs, but no articulate words.
우리에게 들리는 건 크게 흐느끼는 소리뿐 분명한 말소리는 하나도 들리지 않았다.

Clamber [klǽmbər] ; 기어오르다, 기어 가다

유의어 scramble, climb, scrabble

There were walls to clamber up and rooftops to hang precariously from.
기어오를 벽들과 위태롭게 걸려있는 지붕이 있었습니다.

Nevertheless, we clamber aboard a small, motor launch and set forth.
그럼에도 불구하고, 우리는 소형 모터 보트에 올라탄 이후 출발했다.

Sinewy [sínjui] ; 근육질의

He towers as a tall figure with broad shoulders, yet still thin and sinewy.
그는 훌쩍 큰 키에 어깨가 떡 벌어졌지만, 여전히 마르고 근육질이다.

And yes, I crave your fabulous sinewy body.
맞아요. 나는 너의 엄청난 근육질 몸매를 갈망해요.

Delimit [dilímit] ; 범위를 정하다

I most emphatically do not wish to delimit research that leads to progress that helps human beings.
나는 단연코 인류의 발전을 도와줄 수 있는 연구를 제한하고 싶지 않다.

It is appropriate to delimit the level of compensation to which an individual is entitled.
개인이 받을 수 있는 보상의 수준이 제한 되어 있는 것은 정당하다.

Arresting [əréstiŋ] ; 시선을 사로잡는, 아주 매력적인

I'm arresting you for acting as a cop.
경찰 신분 사칭 죄로 당신을 체포합니다.
The criminal insinuated that he had been roughly treated by the arresting officer.
범인은 그를 체포한 경찰로부터 가혹한 취급을 받았다고 넌지시 말했다.

Caprice [kəprí:s] ; 갑작스러운 변화
The $300 million palace was built to satisfy the caprice of one man.
한 사람의 변덕을 만족시키기 위해 3억 달러짜리 대저택이 지어졌다.
Two years later, he began an unhappy love affair that inspired his first play, The Lover's Caprice.
2년 후에, 그는 첫 번째 극 연인의 변덕에 영감을 준 불행한 연애를 시작했습니다.

Bay [bei] ; 만(灣), 항의하다, 으르렁거리다
They crossed the bay in the teeth of a howling gale.
그들은 휘몰아치는 강풍을 안고 만을 건넜다.
A solitary seagull winged its way across the bay.
갈매기 한 마리가 혼자서 만 위를 날아갔다.

Shard [ʃa:rd] ; 조각
유의어 piece, fragment, bit
For 'A Single Shard,' Park won the Newberry Medal, which is

a prestigious award for children's novels.
하나의 도자기 파편'으로 박씨는 뉴베리 메달을 받았는데 이것은 아이들 소설 분야의 유명한 상이다.
There is a shard of glass in his finger.
그의 손가락에 유리 파편이 박혀 있다.

Aphorism [ǽfərìzm] ; 경구(警句)

"Heaven helps those who help themselves" is a famous epigram[aphorism].
'하늘은 스스로 돕는 자를 돕는다'는 유명한 경구다.
Some advocates of spanking cite the aphorism "spare the rod, spoil the child," and a similar passage from the Bible.
체벌 옹호자들은 "매를 아끼면 아이를 망친다." 와 비슷한 성경의 문구들을 인용한다.

Resolve [rizálv] ; 해결하다, 다짐하다

The government reiterated its resolve to uncover the truth.
정부는 그 진실을 밝혀내겠다는 의지를 거듭 강조했다.
The difficulties in her way merely strengthened her resolve.
그녀가 도중에 만나게 되는 난관들은 그녀의 결심을 더 강하게 할 뿐이었다.

⟨Day 11⟩

Vacillate [vǽsəlèit] ; 흔들리다
The teachers vacillate about how to describe the Holocaust without harming the youngsters.
교사들은 홀로코스트에 대해서 젊은이들에게 어떻게 하면 상처를 주지 않고 설명할 수 있을지 망설인다.
Russians dislike imperialism and also they fear thorough revolution, so that they vacillate between the two.
러시아인들은 제국주의를 싫어하지만 한편으로는 혁명도 두려워하기 때문에 그 둘 사이에서 동요한다.

Alleviate [əlíːvièit] ; 완화하다
The organization works to alleviate world hunger and disease.
그 단체는 세계의 기아와 질병을 줄이기 위해 일한다.
A number of measures were taken to alleviate the problem.
그 문제를 완화하기 위해 많은 조치가 취해졌다.

Tamp [tæmp] ; 다져 넣다
Their goal is to tamp down students' anxieties about the unknown and to give themselves chances at molding the new collegians.
그들의 목표는 미지의 것에 대한 학생들의 근심을 줄여주고 학생들에게 새로운 대학의 일원이 되도록 하는 기회를 제공하는 것이다.
What he has done is tamp down on inequality.
그가 해 온 일은 불평등을 줄이는 것이다.

Epigram [épəgræm] ; 경구(警句), 짧은 풍자시

It was or maybe Pascal, who came up with an extremely cynical epigram, "God will forgive me, because it is his job".
파스칼인지는 잘 모르겠지만 "신은 용서하는 것이 임무이기 때문에 나를 용서할 것이다." 라는 지극히 냉소적인 구절을 남겼다.
Kennedy quoted Churchill's epigram that courage is the first of human qualities because it is the quality which guarantees all others.
케네디는 용기가 인간성의 으뜸이며 그것으로 인해 모든 것을 보증할 수 있다는 처칠의 경구를 인용했다.

Reproof [riprúːf] ; 책망, 나무람

His words were a mixture of pity and reproof.
그의 말은 연민과 책망이 뒤섞인 것이었다.
She received a mild reproof from the teacher.
그녀는 선생님으로부터 가벼운 꾸지람을 들었다.

Albeit [ɔːlbíːit] ; 비록 …일지라도

They note that Iran has moderated its behavior over the years, albeit very slowly.
이들은 비록 매우 더디긴 하지만 이란은 여러해에 걸쳐 행태를 온건하게 바꿔왔다고 말합니다.

The evening was very pleasant, albeit a little quiet.
그날 저녁은 비록 조용하긴 했지만 매우 즐거웠다.

Slight [slait] ; 약간의, 조금의, 경미한

She noticed the slight hollows under his cheekbones.
그녀는 그의 광대뼈 아래가 약간 홀쭉하게 팬 것을 눈치챘다.
The slight risk added zest to the experience.
약간의 위험성이 그 경험에 묘미를 더해 주었다.

Epicure [épikjùər] ; 식도락가, 미식가

The seafood restaurant serves great food and wine that would appeal to any epicure, whether the old or the young.
그 해산물 식당은 나이를 불문하고 어떤 미식가에게도 관심을 끄는 좋은 음식과 와인을 선보인다.
With delectable native dishes, this Caribbean island will help you meet your own inner epicure.
카리브 해의 섬은 음미할 만한 전통 음식으로 당신 속에 있는 미식가를 만나도록 도와줄 것이다.

Tender [téndər] ; 상냥한, 다정한, 애정어린

He was warm and tender towards her.
그는 그녀에게 따뜻하고 부드러웠다.
The meat was tender and juicy.
그 고기는 부드럽고 육즙이 많았다.

Verbiage [və́:rbiidʒ] ; 장황함

His explanation was wrapped up in so much technical verbiage that I simply couldn't understand it.
그의 설명은 전혀 이해할 수 없는 너무 기술적인 장황함으로 감싸여 있었다.
He gave vent to what was his usual verbiage on such an occasion.
이와 같은 경우에 반드시 하는 예의 수다를 떨기 시작했다.

Slew [slu:] ; 휙 돌리다, 다수, 대량

There are a slew of spots to see canola flowers, but Gasiri Village might be the best place on the island. The yellow waves of flowers dying vast grassland, and windmills standing between the flowers make for a pastoral view.
유채꽃을 구경할 만한 곳이 정말 많지만, '가시리마을'이 제주도에서 가장 좋은 곳일지 모른다. 드넓은 초원을 물들이는 꽃들의 노란 물결과 꽃밭 사이에 서 있는 풍차는 목가적인 풍경을 만들어 준다.
The 1980s saw the EC discard a slew of anachronistic but obsessive issues and set sail for new horizons.
1980년대에 유럽공동체는 많은 시대착오적이면서 강박관념을 안겨 주는 문제들을 버리고 새로운 수평선을 향해 출항했다.

Enlist [inlíst] ; 요청하여 얻다, 입대하다

He will enlist in the army at the end of this month.
그는 이달 말 군에 입대할 것이다.
They hoped to enlist the help of the public in solving the crime.

그들은 그 범죄 해결에 대중의 협조를 얻을 수 있기를 바랐다.

Rend [rend] ; 찢어발기다
Be sure to rend apart the banners after the party.
파티가 끝나면 광고를 모두 철거하시오.
Global pollution not only risks our quality of life but could rend the textile of life itself.
세계적인 오염은 우리의 삶의 질을 위협할 뿐 아니라 우리 생명을 산산조각 낸다.

Caulking [kɔ́:kiŋ] ; 틈새 메우기
She also required caulking, which detained the expedition some time.
그녀는 또한 코킹이 필요했고, 이것은 탐험대를 얼마간 지연시켰다.
Or they could use caulking guns meant for repairing the space shuttle.
또는 그들은 우주 왕복선을 수리하기 위한 코킹 건을 사용할 수도 있다.

Damp [dæmp] ; 축축한
The air was heavy with the stink of damp and foulness.
공기는 코를 찌르는 습한 냄새와 악취로 숨쉬기가 힘들었다.
Old houses are often damp.
낡은 집들은 흔히 습하다.

Dross [drɔːs] ; 싸구려 (물건들), 찌꺼기

People need to distinguish between chaff and wheat, dross and gold, the superficial and the genuine.
사람들은 겨와 밀, 찌꺼기와 금, 거짓과 참을 구별할 줄 알아야 한다.
In Russia, communist government has the reverse Midas touch as everything it touches turns to dross.
러시아에서 공산정부는 거꾸로 된 마이더스의 손을 가지고 있어서 모든 것을 건드리기만 하면 쓰레기가 된다.

Tarnish [tάːrniʃ] ; 흐리게 하다, 변색시키다

Employees are prohibited from engaging in activities that could tarnish the image of the company.
종업원들은 회사 이미지를 손상시키는 행동은 못하게 되어 있다.
Jordan's legacy as perhaps the best basketball player of all time won't be easy to tarnish or replace.
아마도 항상 최고의 농구 선수인 조단의 전설은 쉽게 떨어뜨리거나 대신하지 못할 것이다.

Sedition [sidíʃən] ; 폭동 선동, 난동 교사

The president has charged 8 people with sedition and closed a radio station which broadcast a discussion that criticized the government.
대통령은 8명을 치안 방해 혐의로 고발하고 정부를 비판하는 토론을 방송한 라디오 방송국을 폐쇄했다.
The former presidents also face charges of sedition in crushing a 1980 prodemocracy uprising in Kwangju that killed more

than 200 people.
전직 대통령들도 1980년 200명 이상이 희생된 광주 민주화 운동을 진압한 것에 관해서 내란 혐의를 받고 있다.

Seemly [síːmli] ; 적절한, 점잖은
It seemly most likely that Korea will rise to sixth this year, considering that the country falls behind Brazil by a mere $7 billion and its forex reserves are growing rapidly.
한국의 외환보유고가 브라질에 비해 불과 70억 달러 뒤지고 있고, 한국의 외환보유고 증가 추세가 빠른 점을 감안하면 한국은 금년 중에 6위를 차지할 것으로 보인다.
We must do justice equally to all war criminals, or we are seemly allowing that fleeing justice is a valid option for avoiding prosecution.
우리는 모든 전쟁 범죄자들을 공정하게 평가해, 그렇지 않으면 우리가 공정한 평가를 피함으로써 기소를 피하려는 유효한 선택을 허용한 것처럼 보일 수도 있어.

Platitude [plǽtitjùːd] ; 진부한 이야기
With spontaneous irreverence, satire rearranges perspectives, scrambles familiar objects into incongruous juxtaposition, and speaks in a personal idiom instead of abstract platitude.
저절로 우러나오는 불경함을 가지고, 풍자는 (사물을 보는)관점을 재정리하고, 친숙한 사물들을 뒤죽박죽 섞어서 조화되지 않는 병렬 관계로 만들고, 추상적 진부함 대신에 개인적인 용어들을 사용하여 이야기한다.

That is a combination of platitude and cop-out.
그것은 진부한 이야기를 함과 동시에 책임을 회피할 수 있는 조합이다.

Stipulate [stípjulèit] ; 규정하다
The new health guidelines stipulate how much sugar and alcohol people should consume in a day.
새로운 건강 지침서는 사람들이 하루에 얼마만큼의 설탕과 술을 섭취해야 하는가 규정해 놓고 있다.
Korean telecommunications rules stipulate that foreigners cannot purchase more than 49% shares of Korea Telecom.
한국의 통신법은 외국인들은 49% 이상의 한국통신 지분을 살 수 없다고 규정하고 있다.

Abasement [əbéismənt] ; 실추, 굴욕
The trouble is that there is a very heavy political cost for this abasement.
문제는 이러한 명예실추에 커다란 정치적 비용이 수반된다는 것이다.
He became a wandering ascetic, practicing self-denial and abasement for a number of years.
그는 금욕적인 방랑자가 되어, 여러 해 동안 자기부정과 자기비하 속에서 살았다.

Gouge [gaudʒ] ; 찌르다, 바가지를 씌우다, 값을 부당하게 올리다
As demand rose sharply, the seller attempted to price gouge.
수요가 급등하자, 판매자는 바가지요금을 매기려 했다.

And the government makes it difficult for companies to gouge or fix prices.
그리고 정부가 회사들이 속임수를 쓰거나 가격을 결정하도록 하는 데 어렵게 한다.

Fallow [fǽlou] ; 놀리는, 휴한하는, 이뤄진 것이 없는
Contemporary dance is coming onto the arts scene again after a long fallow period.
오랫동안 침잠 상태를 보이던 현대 무용이 다시 예술 현장에 등장하고 있다.
The farmer lets some of his land lie fallow each year.
농부는 매년 토지의 일부를 묵혀두고 있다.

Agog [əgág] ; 들뜬, 몹시 궁금해 하는
She was all agog for drawing his portrait.
그녀는 그의 초상화를 그리고 싶어서 안달이었다.
The boy was all agog for mischief.
그 애는 뭔가 장난이 하고 싶어서 어쩔 줄을 몰랐다.

⟨Day 12⟩

Cloture [klóutʃər] ; 토론 종결, 종결에 붙이다
Only 2/3 of those present need to vote to invoke cloture to stop any filibuster.
의사 진행 방해 방지를 위한 종결에 이르기 위해서는 참석한 사람들 중 2/3 이상만 투표하면 된다.
They had enough men to do it, and they could have had cloture.
그들은 충분한 숫자의 사람들이 있었으며, 그들은 종결 투표를 할 수 있었다.

Stigma [stígmə] ; 오명, (꽃의) 암술머리
There is no longer any stigma attached to being divorced.
이젠 더 이상 이혼한 것에 대해 어떤 오명이 붙지 않는다.
We should end the social stigma of obesity.
우리는 비만이라는 사회적 오명을 끝내야 합니다.

Cosset [kásit] ; 애지중지하다
Be prepared to cosset your young plant through its first few winters by covering it with a fleece liner in extremely cold weather.
첫 몇년의 겨울동안은 너의 어린 식물을 혹한의 날씨에 양털같은것으로 덮어서 정성스럽게 보살필 준비를 해라.
The staff will be instructed to comfort and cosset the offenders.
직원들은 범죄자들을 위로하고 애정을 주도록 지시받을 것이다.

Apostle [əpásl] ; 사도, 주창자
It was given to the apostle Paul to discern it.
사도 바울에게는 그것을 식별할 수 있는 힘이 부여되었다.
She is an apostle for working parents' rights.
그녀는 맞벌이 부모의 권리를 주창한다.

Conscript [kənskrípt] ; 징집하다, 징집병
Conscript fathers, I propose a formal motion.
원로원 의원 여러분, 저는 공식적 운동을 제안합니다.
To a German conscript soldier they were terrorists.
독일군 징집병에게 그들은 테러리스트였다.

Euphony [jú:fəni] ; 활(滑)음조, 음운 변화
What is unclear is whether this evolution is towards greater euphony as well as the survival of the species.
과연 더욱 큰 조화를 위해 진화를 할 것인지, 그리고 종들이 살아남을지와 관련해서는 확실한 것이 없다.
The only inconvenient thing about the word is that it is heavy and lacks euphony.
단어의 결점(缺點)은 발음이 까다롭고 어조(語調)가 나쁘다.

Dilate [dailéit] ; 확장하다, 키우다

유의어 enlarge, become larger, widen
If I had time, I could dilate (up) on this topic.
제가 시간이 있으면 이 주제에 대해 자세히 말씀 드릴 수 있을 텐데요.
The pupils of the eyes dilate as darkness increases.
눈의 동공은 어두워질수록 팽창된다.

Penchant [péntʃənt] ; 애호

The article clearly showed his penchant for sneering at his critics.
그 기사는 자신을 비판하는 사람들을 비웃는 그의 성향을 명확히 보여주었다.
Our society's penchant for trying to make everyone the same is a mistake.
모든 사람을 똑같이 만들기 위한 우리 사회의 관심은 실수이다.

Coterie [kóutəri] ; 집단

Henry was a loner, but he envied the coterie of popular kids who seemed to follow his brother.
헨리는 외톨이였으나 그의 동생을 따라 몰려다니는 인기 많은 아이들 무리가 부러웠다.
He is a member of a literary coterie.
그는 문학 동인의 한 사람이다.

Armada [aːrmáːdə] ; 함대

Spain's power decayed after her Armada was destroyed.

스페인은 무적함대가 괴멸된 후 세력이 쇠퇴했다.
The Spanish Armada was sent to attack England in 1588.
1588년에 스페인 함대가 잉글랜드를 공격하기 위해 파견되었다.

Exemplar [igzémplər] ; 모범, 전형
It is an exemplar of a house of the period.
이 집은 그 시대의 전형적인 주택이다.
I can't imagine a better exemplar in the importance of the classical as only a point of origin, only a point of departure.
저는 오직 기원과 시작에 초점을 둔다면, 고전의 중요성에서는 이보다 더 나은 본보기를 상상할 수가 없죠.

Dilettante [dìlitá:nti] ; 딜레탕트, 호사가
유의어 dabbler, pottere,r tinkerer
He's a bit of a dilettante as far as wine is concerned.
포도주에 관한 한 그는 애호가인 셈이다.
The dilettante lives an easy, butterfly life, knowing nothing of toil and labor.
미술 애호가는 안이한 나비(멋쟁이)의 생활을 누리며, 수고와 노력에 대해서는 하나도 모른다.

Endow [indáu] ; 기부하다
He has the artist ability to endow the people of whom he writes with flesh and blood.
그는 작중인물을 생생하게 묘사하는 예술적 능력이 있다.
Researchers have been slowly stripping away the many secrets

that endow cancer cells with the gift of immortality.
연구자들은 암세포의 불멸하는 비결들을 서서히 밝혀내왔다.

Coffer [kɔ́:fər] ; 귀중품 상자
There is a coffer of public money for you.
당신을 위한 공급의 재원이다.
It's money in the coffer.
그의 돈은 금고 안에 있다.

Dawdler [dɔ́:dlər] ; 느림보, 게으름뱅이
It was time to leave this dawdler behind.
이제 뒤쳐지는 사람은 제껴놓아야 할 때야.
Don't be such a dawdler, Georgina, just get on with it.
조지나, 그렇게 게으름 피우지 말고 계속하기나 해.

Artless [á:rtlis] ; 꾸밈없는, 소박한, 못 만든, 솜씨 없는
I became enamoured of her artless beauty.
나는 그녀의 끊임없는 미에 반했다.
She's an artless young woman who would never dream of trying to mislead anyone.
그녀는 누군가를 현혹하려는 꿈도 꾸어 본 적이 없는 꾸밈없는 젊은 여성이다.

Nadir [néidər] ; 최악의 순간
Someone at the nadir of drugs can only think of obtaining drugs and nothing else.

마약의 구렁텅이에 빠진 사람은 마약을 손에 넣는 데에만 골몰한다.
The day his wife died was the nadir of his life.
아내가 죽은 날이 그 사람 인생에서 가장 절망적인 날이었다.

Dote [dout] ; 맹목적으로 사랑하다, …에 홀딱 빠지다, 노망

Well, what will women not swear to, to save those they dote upon!
사랑하는 사람을 구하기 위하여 여자들이 맹세하지 않는 것이 무엇일까?
All the family dote on him and really spoil him.
모든 가족이 그를 애지중지 하고 정말로 그를 버릇없이 키운다.

Apprise [əpráiz] ; 알리다

We have to apprise them of our situation.
우리는 우리의 상황을 그들에게 알려야만 합니다.
I'd be happy to apprise you of his condition.
내가 그의 상태를 너에게 알려준다면 기쁠 것이다.

Bilk [bilk] ; 사취하다, 속이다

There was no intention to bilk his readers.
그의 독자들을 속일 의도는 없었다.
You have to know which patients to bilk.
너는 어떤 고객들을 속여야 하는지를 알아야 한다.

Debacle [deibá:kl] ; 대실패, 큰 낭패

Observers cited a lack of coordination as the key reason for

the debacle.
관측자들은 실패의 주요 원인으로 협조 부족을 들었다.
This entire debacle has prompted some people to question the reliability and accuracy of the Blue House's press briefings.
이런 참담한 상황은 일부 사람들에게 청와대의 언론 브리핑에 대한 신뢰성과 정확도를 의심하게끔 하였다.

Divest [divést] ; 벗다, ~을 처분하다, ~을 빼앗다
I cannot divest myself of the idea.
나는 그 생각을 벗어 버릴 수 없다.
The inner group was taught the secret teachings and was expected to divest themselves of all their worldly possessions and maintain a vegetarian diet.
내부 그룹은 비밀스러운 가르침을 받았고 모든 세속적인 소유를 버리고 채식주의자 식단을 유지하도록 기대되었습니다.

Eddy [édi] ; 회오리, 회오리를 일으키다, 소용돌이치다
It is theoretically possible for foul water to be carried up into the cistern through a valve by eddy currents flowing against the downward flow.
이론적으로 하강 흐름에 역류하는 와전류에 의해 오수가 밸브를 통해 탱크 안으로 운반될 수 있다.
Eddies or vortices, formed in the water flow, can move objects up and down or left and right.
물의 흐름에서 형성된 소용돌이나 소용돌이는 물체를 위아래 또는 좌우로 움직일 수 있다.

Connote [kənóut] ; 함축하다

Black fields in Persian rugs exclusively connote death or memorial.

페르시아 양탄자 무늬 속의 검은 들판은 죽음 또는 기림을 함축한다.

The colours connote death, blood and evil.

그 색들은 죽음과 피, 악을 상징한다.

Erstwhile [ər'stwail] ; 이전의, 지금까지의

His erstwhile friends turned against him.

지금까지 그의 친구였던 사람들이 그에게 등을 돌렸다.

I have plans for the erstwhile agent.

나는 지금은 퇴직한 요원을 위한 계획이 있다.

⟨Day 13⟩

Flail [fleil] ; 마구 움직이다, 매타작을 하다, 도리깨
He's carrying a crook and flail.
그는 갈고리와 도리깨를 들고 있었다.
Next time we slide, watch where you flail.
다음에 우리가 미끄러지면, 네가 흔들린 곳을 봐라.

Pertain [pərtéin] ; 존재하다, 적용되다
The conduct does not pertain to the young.
그런 행동은 젊은이에게 어울리지 않는다.
Most of the new recruits have advanced degrees which pertain to their callings.
대부분의 신입사원들은 자신들의 직업에 맞는 고급 학위를 소지하고 있다.

Efficacy [éfikəsi] ; 효험
The confidence gap refers to the phenomenon that women have less self-efficacy than men.
남녀의 자신감 격차는 여성이 남성보다 자기 효능감이 적은 현상을 말한다.
The experiment testing the medical efficacy of orchid petals was inconclusive.

난초의 꽃잎에서 추출한 약물의 효능을 테스트하는 실험은 결론에 이르지 못했다.

Docile [dάsəl] ; 유순한, 고분고분한
He was an intelligent and docile pupil.
그는 총명하고 유순한 학생이었다.
She appears very docile but is very stubborn.
그녀는 온순해 보이지만 고집이 대단하다.

Expiate [ékspièit] ; 속죄하다
He had a chance to confess and expiate his guilt.
그는 자기 죄를 고백하고 속죄할 기회가 있었다.
He spent the rest of his life trying to expiate his sins.
그는 속죄하는 마음으로 여생을 보냈다.

Fracas [fréikəs] ; (보통 여러 사람이 벌이는) 싸움
유의어 disturbance, quarrel, scuffle
He was injured in a Saturday-night fracas outside a disco.
그는 토요일 밤에 일어난 디스코 장 밖에서의 소동으로 부상을 당했다.
However, the controversy seems to have died down, as China tries to prevent the fracas from escalating further.
그러나 중국이 소동이 더 이상 확대되는 것을 막으려고 애쓰면서 논란은 가라앉은 것으로 보인다.

Ardent [ά:rdnt] ; 열렬한, 열정적인
He is an ardent student who tries to remember everything he

has learned.
그는 자신이 배운 모든 것을 기억하려고 하는 열정적인 학생이다.
She looked ardent in her phoeniceous dress.
밝은 진홍색의 드레스를 입은 그녀는 열정적으로 보였다.

Forestall [fɔrstɔ́ːl] ; 미연에 방지하다

Try to anticipate what your child will do and forestall problems.
자녀가 무엇을 할 것인지를 예상하여 문제를 미연에 방지하도록 노력하라.
The police spokesman says that they are ready to forestall possible plane hijackings.
경찰 대변인은 일어날 수 있는 비행기 납치를 방지하기 위해서 경찰이 대비하고 있다고 말했다.

Vitae [víːtə] ; 이력서

Applications with a full curriculum vitae and two references should reach the Principal by June 12th.
완전히 작성한 이력서와 추천서 두 매를 첨부한 지원서가 6월 12일까지 학교장 앞으로 도착해야 합니다.
Cypher, who reviews more than 1200 employment applications each year, recommends using a European-style curriculum vitae (CV) instead.
해마다 1200여 통의 입사 원서를 검토하는 사이퍼 씨는 대신 유럽식으로 이력서를 쓸 것을 권한다.

Emboss [imbɔ́ːs] ; 양각하다

See, they emboss them on the top with little palm fronds.
보세요, 그들은 작은 야자 잎으로 꼭대기에 그것들을 양각합니다.
Some feel discomfort with the manipulation and destruction of human emboss in research.
일부 사람들은 연구에서 인간 양각의 조작과 파괴에 대해 불편함을 느낀다.

Gambit [gǽmbit] ; (대화 등의 초반에 우세를 확보하기 위한) 수

The gambit in chess is a strategic move when a player sacrifices a piece to secure a later advantage.
체스에서 갬빗은 선수가 나중의 이익을 얻기 위해서 자신의 말을 희생하는 전략적인 수법이다.
Bill Gates said that the WebTV acquisition was Microsoft's riskiest gambit to date.
빌 게이츠는 웹TV 인수가 마이크로소프트에서 지금까지 가장 위험한 전략이었다고 말했다.

Nostrum [nάstrəm] ; (성공할 가능성이 없어 보이는) 처방, 엉터리 약

It is a nostrum from which no one demurs.
그것은 아무도 이의를 제기하지 않는 특효약이다.
That was the economic nostrum of the day.
그것은 그 시기의 엉터리 경제적 처방 이었다

Pine [pain] ; 소나무, 몹시 슬퍼하다

We don't carry a large stock of pine furniture.
소나무 가구는 저희가 재고를 많이 들여 놓지 않습니다.

The temple sits among the pine trees.
그 절은 소나무 숲 속에 있다.

Apostate [əpǽsteit] ; 변절자, 배교자
Oftentimes, servants would wear masks and make fun of their masters or apostate monks.
종종 노예들이 탈을 쓰고 그들의 주인이나 파계승들을 해학적으로 풀어내기도 한다.
For example, several core satirical themes are: ridicule on apostate Buddhist monks, frustration of lower class people, conflict between couples, and the poverty of commoners.
몇 가지 핵심 주제의 예를 들자면, 파계승에 대한 조롱, 하급층 사람들의 좌절감, 부부간의 갈등, 그리고 평민들의 가난 등이다.

Phalanx [féilæŋks] ; 밀집해 있는 집단
A phalanx of competent technocrats will work to attract foreign investment and boost the economy.
유능한 기술 관료로 이뤄진 강력한 집단은 외국인 투자를 유치하여 경제를 진작시키기 위해 일할 것입니다.
For this was no anonymous military phalanx.
이것은 무명의 아무개 군대 집단이 아니었다.

Placate [pléikeit] ; (화를) 달래다
His intent is clearly not to placate his critics.
그의 의도가 분명히 그의 비판자들을 달래려는 것은 아니다.
It's clear what steps we have take to placate the client.

그 고객을 달래기 위해 어떤 조치를 취해야 하는지는 명백합니다.

Glower [gláuər] ; 노려보다
But to sit and glower and think and think!
하지만 앉아서 째려보며 생각만 거듭하면 어떻하냐고!
Well, first he'd probably glower a bit, right?
음, 우선 그가 아마도 조금 뿔이 났을거야, 그렇지?

Waft [waːft] ; 퍼지다, 한 줄기 냄새
The mellow aroma of baking apples begins to waft to my nose.
사과를 굽는 달콤한 향기가 코로 흘러 들어오기 시작한다.
Clouds of radiation waft across Europe after the Soviet nuclear power plant catched fire.
소련의 핵발전소 화재로 인해 방사능 구름이 유럽을 가로질러 흘러왔다.

Vitiate [víʃièit] ; (무엇의 효과를) 해치다
The global trade in hot air has helped to vitiate the Kyoto protocol.
열렬한 국제 무역은 교토 의정서를 약화시키는 데 도움이 되었다.
In the labyrinth, it will not have dragoons nor creatures you vitiate.
그 미로 안에는 기마병도 없고 네가 해칠 생명체도 없을 것이다.

Dally [dǽli] ; 꾸물거리다, 미적거리다
With tastes shifting as fast as the Nasdaq, there's no time to

dally in getting new installments to theaters.
취향이 나스닥만큼 급변하기 때문에 극장에 지체없이 새 영화를 내걸어야 한다.
Don't dally such a easy question and answer quickly!
그렇게 쉬운 문제를 미적대지 말고 빨리 풀어라!

Welter [wéltər] ; 엄청난 양
There is a welter of change and much of it is positive.
많은 변화들이 있고 그것의 대부분은 긍정적이다.
I do not want the debate to sink in a welter of statistics.
나는 그 논쟁이 통계수치에서 가라앉는 것을 원하지 않는다.

Torrid [tɔ́:rid] ; 격정에 찬, 열렬한, 몹시 힘든
Qatar established the firm basis of a powerful and tiny country by the torrid growth of economy.
카타르는 튼튼한 경제성장을 바탕으로 작지만 강력한 국가의 탄탄한 체제를 설립했다.
They face a torrid time in tonight's game.
그들은 오늘 밤 경기에서 몹시 힘든 시간을 앞두고 있다.

Viscous [vískəs] ; 끈적거리는, 점성이 있는
She put in some hot curry powder and heated it until the mixture becomes viscous.
그녀는 매운 카레 가루를 넣고 혼합물이 끈적거릴 때까지 가열했다.
The eyedrops go from a liquid to a viscous gel when heated to body temperature, enabling it to coat the eye for hours.

안약은 체온에 의해서 열을 받으면 액체에서 끈적거리는 젤 상태로 변해서 몇 시간 동안 눈을 보호한다.

Undermine [əˈndərmain] ; 약화시키다

유의어 weaken, sabotage, subvert

Unions say the changes could undermine workers' rights.
노동조합들은 개정안이 근로자들의 권리를 침해할 수도 있다고 지적하고 있습니다.

The prosecution did its best to undermine the credibility of the witness.
검찰측에서는 그 증인의 신뢰성을 떨어뜨리기 위해 온갖 노력을 다했다.

Tawdry [tɔ́ːdri] ; 번쩍거리는, 지저분한

Boogie Nights is not a tawdry film, it is a film about tawdry people.
부기나이트는 지저분한 영화가 아니다, 그것은 지저분한 사람들에 관한 영화이다.

Heat does not pursue the tawdry side of celebrities' lives.
유명 인사들의 치부를 들춰내는데 주력하지 않는다.

⟨Day 14⟩

Synoptic [sináptik] ; 개요의, 대의의, 공관(共觀) 복음서의
Synoptic philosophy allows me to be more humble.
개요적 철학은 나를 더 겸손하게 한다.
Jesus makes it very clear that he was God in the synoptic gospels too.
예수님께서는 자신이 개요적 복음에서도 하나님이였다는 것을 확실하게 보여주신다.

Repast [ripǽst] ; 식사
Luncheon is cooked repast in the middle of the day.
점심은 하루 중 중간에 요리되는 식사다.
We're serving a sumptuous repast for lunch.
우리는 점심으로 호화로운 식사를 대접할 것이다.

Anomaly [ənáməli] ; 변칙, 이례
The reaction of the viewers was quite an anomaly in Europe.
유럽 관객의 반응은 사뭇 남달랐다.
"Shortly after launch, there was an anomaly with the booster and the launch ascent was aborted, resulting in a ballistic landing of the spacecraft," the U.S. space agency said in a statement.

미 항공우주국은 "발사 후 얼마 되지 않아 부스터에 이상이 생겨 상승이 중단되었고 우주선이 탄도 착륙을 하게 되었다"고 발표했다.

Collude [kəlúːd] ; 공모하다

We acted independently and didn't collude with anyone.
우리는 각자 행동했고 누구와도 공모하지 않았다.
Why do you think the police would collude in this?
당신은 왜 그 경찰이 이 사건에 연루되었다고 생각하세요?

Assay [æséi] ; 금속의 순도 분석, 시금

유의어 evaluate, assess, analyse
After assay, the purity of this gold bar is 99.99%.
금속의 순도 분석결과 이 금괴의 순도는 99.99%이다.
A poisonous substance was detected[found] by chemical assay.
화학 분석 결과 독극물이 검출되었다.

Unsparing [ənspeˈriŋ] ; 인정사정없는, 가차 없는, 후한, 아낌없는

He won his mother's unsparing approval.
그는 어머니의 전폭적인 찬성을 얻었다.
She is unsparing in her criticism.
그녀는 비판을 하는 데 있어서 인정사정 없다.

cogent [kóudʒənt] ; 설득력 있는

She put forward some cogent reasons for abandoning the plan.
그녀가 그 계획을 포기해야 할 몇 가지 설득력 있는 이유를 제기했다.

A prosecutor showed some cogent proofs.
검사는 몇몇 설득력 있는 증거들을 제시했다.

Arduous [ɑ́:rdʒuəs] ; 설득력 있는
She put forward some cogent reasons for abandoning the plan.
그녀가 그 계획을 포기해야 할 몇 가지 설득력 있는 이유를 제기했다.
A prosecutor showed some cogent proofs.
검사는 몇몇 설득력 있는 증거들을 제시했다.

Munificent [mjuːnífəsnt] ; 대단히 후한
A former student has donated a munificent sum of money to the college.
예전에 그 대학의 학생이었던 사람이 학교에 돈을 아낌없이 기부했다.
However munificent our captor, we are still prisoners.
우리를 잡고있는 사람이 아무리 아량이 넓다해도, 우리는 여전히 죄수들이다.

Inquest [ínkwest] ; 조사, 사인 규명
The police holds an inquest on the suspect.
경찰은 용의자의 심문을 실시한다.
An inquest is always held if murder is suspected.
살인이 의심되는 경우 검시가 행해진다.

Prophetic [prəfétik] ; 예언의, 예언적인
유의어 prescient, predictive, prophetical
In the film, he crafts a tale of prophetic nonsense with breath-

taking images.
이 영화에서 그는 숨막히는 이미지로 예언자적인 말도 안되는 이야기를 재치 있게 만들어 냈다.
Many of his warnings proved prophetic.
그의 경고들 중 많은 것들이 예언이었음이 입증되었다.

Overwought [ou͵vərrɔ´t] ; 몹시 걱정하는
He was in an overwrought state for weeks after the accident.
그는 그 사고가 난 후 몇 주 동안 지나치게 긴장된 상태로 지냈다.
She was so tired and overwrought that she burst into tears.
그녀는 너무 지치고 극도로 긴장한 나머지 눈물을 터뜨리고 말았다.

Statute [stǽtʃuːt] ; 법규, 법령
Penalties are laid down in the statute.
처벌 내용이 법규에 규정되어 있다.
Despite the DNA evidence, Lee will not be prosecuted for first-degree murders because the country's statute of limitations for his alleged crimes has expired.
하지만 DNA 증거에도 불구하고 이 씨는 범죄 혐의에 대한 공소시효가 이미 지났기 때문에 살인죄로 기소되지 않는다.

Decorum [dikó:rəm] ; 점잖음, 예의
The meeting was a model of self-restraint and decorum.
그 회합은 자제와 에티켓의 모범 사례였다.
Dress code regulations are at the discretion of the management, who wish to maintain a standard of decorum appropriate

for the quality and image of the office.
복장 규정은 회사의 품격과 이미지에 부합하는 수준을 유지하고자 하는 경영진의 재량에 달려 있다.

Precis [preisíː] ; 요약
Belief is hard to illustrate; and The Believers is hard to precis.
믿음이란 설명하기 어려운 것이며, 신도들 또한 간단히 말하기 어렵다.
Thirdly, parents will be provided with a precis of the last inspection report produced by Her Majesty's inspectorate.
세 번째로, 부모들은 폐하의 시찰단이 만든 마지막 조사 보고서의 요약본을 받게 될 것입니다.

Quiescence [kwiésns] ; 침묵, 정적
However, existing quiescence is not the same as full consent or legitimacy.
하지만, 지금의 침묵이 완전한 동의나 그런 주장은 아니다.
That does not mean quiescence, or a lack of criticism or vigour in debate.
그건 인색한 침묵도 아니고, 비평이 부족한것도 아니고, 활발한 토론도 아니다.

Epaulet [épəlèt] ; 견장, (코트·드레스 따위의) 어깨 장식
No wonder that he won his epaulets.
그가 장교로 승진한 것은 당연한 것이다.
An officer wears epaulets on his shoulder.
한 장교가 어깨에 견장을 착용하고 있다.

Descry [diskrái] ; 보게 되다

We don't need squabbling politicians, just disinterested experts who can descry the true national interest.
우리는 다투는 정치인은 필요 없다. 단지 진실한 국익을 알아보는 객관적인 전문가가 필요하다.
We don't need squabbling politicians, just disinterested experts who can descry the true national interest.
우리는 서로 옥신각신하는 정치인들이 필요한 것이 아니고, 단지 진정한 국익을 알아볼 수 있는 객관적인 전문가들이 필요하다.

Craven [kréivn] ; 용기 없는, 비겁한

If you felt something, you had to stand up and say something not to be craven.
뭔가 느꼈다면 비겁자가 되지 않기 위해서 일어나서 이야기해야 한다.
Politicians are making craven activities not to lose votes ahead of an election.
정치인들은 선거를 앞두고 표를 잃지 않기 위해서 비겁한 행동들을 하고 있다.

Skittish [skítiʃ] ; 겁이 많은, 잘 놀라는, 경박한, 변덕스러운

He skillfully handled the uncertain and highly skittish audience.
그는 들뜨고 아주 변덕스러운 청중을 교묘히 다루었다.
So excuse me for being a little skittish.
그래서 약간 겁난 것에 대해 미안합니다.

Diffident [dífidənt] ; 조심스러운, 소심한
He was diffident and reserved.
그는 자신 없고 조심성이 많았다.
He was modest and diffident about his own success.
그는 자기 자신의 성공에 대해 겸손하고 조심스러웠다.

Declaim [dikléim] ; 말하다, 열변을 토하다
I had one line to declaim, at the end of the piece.
이 작품 끝에 낭독할 한 대사가 있었다.
Secular anti-racists began to declaim, even reclaim, their Muslim identity.
세속적인 반 인종차별주의자가 그들의 이슬람 정체성을 항변하며, 심지어는 다시 요구하기 시작했다.

Erudite [érjudàit] ; 학식 있는, 박식한
유의어 learned, scholarly, well educated
He's the author of an erudite book on Scottish history.
그는 스코트랜드 역사에 대한 학문적인 책의 저자이다.
He's erudite on the topic of politics.
그는 정치에 관해서 박식하다.

Apposite [ǽpəzit] ; 아주 적절한
유의어 appropriate, suitable, fitting
The film starts in a graveyard, on apposite image for the decaying society which is the theme of the film.
그 영화는 묘지에서 시작하는데, 영화의 주제인 쇠락해가는 사회를 보여주는 적절한 이미지이다.
This argument is apposite to the case.
이 논의는 이 경우에 적절하다.

Impious [ímpiəs] ; 불경한
유의어 godless, ungodly, unholy
The impious are preparing their bows and arrows.
그 불경한 자들은 그들의 활과 화살을 준비하고 있다.
In the old times, disrespect for one's parents was considered a serious crime and the impious were severely punished.
예전에 불효는 중죄로 다스려 무거운 형벌을 내렸다.

⟨Day 15⟩

Fecund [fíkənd] ; 다산성의, 비옥한
Let's just let it be like lush, overgrown, fecund.
그냥 그것이 무성하고, 우거지고, 비옥하게 해보자.
He was a wonderfully fecund observer of the world.
그는 놀랍도록 아이디어가 풍부한 세계의 관찰자였다.

Shirk [ʃəːrk] ; 회피하다
Northern officials should not try to shirk their responsibility for the suspension.
북한 당국은 관광 사업 중단에 대한 책임을 회피해서는 안 된다.
Both insurance companies and hospitals cannot shirk their responsibility for this.
보험사와 병원 측 둘 다 이러한 현상에 책임이 있다.

Arbitration [àːrbətréiʃən] ; 중재
Both sides in the dispute have agreed to go to arbitration.
분쟁의 양측이 중재를 받기로 합의했다.
In particular, I'd like to help negotiate labor contracts, resolve grievances, and prepare grievances for arbitration.
특히 근로계약 협상과 노동자의 고충 해결, 중재를 위한 고충 문제 준비에 일조하고 싶습니다.

Glib [glib] ; 구변 좋은, 말을 잘 하는
I don't want to hear such glib words.
나는 그런 입술에 침 바른 소리는 듣고 싶지 않다.
He gave the police officer a glib excuse for not stopping at the red light.
그는 경관에게 적신호에서 멈추지 않은 것에 대해 그럴듯한 변명을 했다.

Importune [impɔːrtjúːn] ; 성가시게 조르다
He began to importune her with offers of marriage.
그는 그녀에게 결혼해 달라고 성가시게 조르기 시작했다.
The ignorant lawyers importune officious judges to apply stupid legal precedents to complex economic circumstances.
무지한 변호사들은 참견 잘하는 재판관을 졸라서 어리석은 법적 선례를 복잡한 경제 상황에 적용하려고 한다.

Supplant [səplǽnt] ; 대신하다
유의어 replace, displace, supersede
Yet, if we do not move toward hemispheric free trade, I can see that European firms are ready to supplant our own American firms as leaders there.
하지만 우리가 전 세계의 절반에 걸친 자유 무역 지대에 진출하지 않는다면 유럽의 기업들이 언제라도 우리 미국 기업들을 밀어내고 리더로서 부상할 준비가 되어 있어요.
We do not seek to supplant him.
우리는 그를 대신하려고 하지 않는다.

Hew [hju:] ; 자르다, 잘라서 만들다
Let every soldier hew him down a bough.
모든 병사들에게 나뭇가지를 꺾게 하라.
Hew the wood to pieces.
나무를 토막 내라.

Arrogate [ǽrəgèit] ; 사칭하다, 침해하다, 부당하게 ...의 탓으로 하다
The Opposition never arrogate moral superiority over Labour Members.
야당은 노동당원들에 대해 도덕적 우월성을 사칭한적은 없다.
But the Court, the Commission and the bank will continue and will arrogate to themselves more power.
그러나 법원, 위원회, 은행은 계속할 것이고, 더 많은 권력을 챙길 것이다.

Invective [invéktiv] ; 욕설
유의어 abuse, insults, vituperation
The mutual invective between the ruling and opposition parties shows no sign of ceasing.
여야 간의 상호 비방이 그칠 기미가 보이지 않는다.
He prefers to meet criticism with personal invective rather than with reasoned argument.
그는 논리적인 주장보다 개인적인 공격이 남긴 비평에 대처하는 쪽을 더 좋아한다.

Martinet [mà:rtənét] ; 아주 엄격한 사람

He was a ruthless critic of his students' work, a stickler for accuracy and a martinet where grammar and spelling were concerned.
그는 학생들의 과제에 대해 가혹하게 비판하고, 까다롭게 정확성을 따졌으며, 문법과 철자가 관련된 부분에서 엄격한 사람이었다.
Understand me, gentlemen, I am not a martinet.
신사 여러분 저는 깐깐한 사람이 아닙니다. 이해해주십시오.

Stanch [stɔːntʃ] ; 멈추게 하다, 억제하다, 없애다
Politically, she is a stanch opponent of reform.
정치적으로 그녀는 철두철미한 개혁의 반대자이다.
We advise Apple to take this lawsuit as a chance to improve its service in order to stanch a rush of similar suits.
애플은 유사한 소송에 휘말리지 않도록 이번 사건을 서비스 개선의 기회로 삼아야 할 것이다.

Dither [díðər] ; 머무적거리다, 머무적거림, 망설임, 초조, 안절부절
Don't get yourself in a dither over everything.
매사를 두고 초조해하지 말아라.
I'm in a dither about who to invite.
나는 누구를 초대할 것인지를 두고 망설이고 있다.

Usury [júːʒəri] ; 고리대금업
Usury is one of the seven capital sins according to church history.
교회사에 따르면 고리대금은 일곱가지 중죄 중 하나에 해당했다.

Many countries limit the interest rate charged on loans to protect usury.
많은 나라들이 고리대금 행위를 방지하기 위해서 대출금에 설정된 이자율을 제한하고 있다.

Turpitude [tə́ːrpətjùːd] ; 대단히 부도덕한 행위
Filling in a false tax return is not in itself a crime of gross moral turpitude like lying in court would be.
거짓 납세 신고서를 작성하는 것은 그 자체로는 법정에서 거짓말을 하는 것처럼 도덕적으로 엄청나게 비열한 범죄행위는 아니다.
The term "moral turpitude" is defined ambiguously as the behavior which is inherently base or depraved, contrary to the accepted roles of morality.
도덕적으로 불건전한 행위라는 용어는 비열하고 타락적이어서 도덕의 역할로 받아들일 수 없는 행동이라고 모호하게 정의되어 있다.

Sate [seit] ; 채우다
I want to sate myself with cheese cakes.
나는 치즈 케이크를 실컷 먹고 싶다.
The smell of sate reached his nose.
질리고 물린 냄새가 그의 코에서 났다.

Aseptic [əséptik] ; 무균성의
The Executive Council would like to invite you to speak about the new developments in chemical sterilization techniques for aseptic surgical instruments at our annual General Meeting of

the American Society of Surgical Instrument Manufacturers to be held.
집행 위원회는 박사님께 8월 15일 보스턴의 럭시도 호텔에서 개최될 미국 수술기구 제조업체협회의 연례총회에서 새로운 무균의 수술기구 화학 소독법에 관해 연설해 주시기를 부탁 드리는 바입니다.
Aseptic technique was drilled into us as nurses.
간호사로서 우리는 무균법을 주입받았다.

Dulcet [dʌlsit] ; 감미로운
I didn't know you had such a dulcet baritone.
나는 당신이 그렇게 감미로운 바리톤 목소리를 가지고 있는지 몰랐다.
The bird is singing a song in its dulcet voice.
그 새는 감미로운 목소리로 노래를 부르고 있다.

Goad [goud] ; 못살게 굴다, 막대기, 자극
Don't even think of attacking him, because that would be like kicking the goad.
그를 공격할 생각조차 하지 말아야 하는데, 그런 행동이 쓸데없이 덤비다 다치는 격이 될 것이기 때문이다.
There was no time to goad me.
내 신경 건드릴 시간이 없었어.

Lax [læks] ; 느슨한
유의어 slack, slipshod, negligent
They need to rein in their lax managers.
그들은 해이한 관리자들에 대해 고삐를 조일 필요가 있다.

Enforcement of some laws in this city is lax.
이 도시에서 몇몇 법들은 엄격하게 시행되고 있지 않다.

Deride [diráid] ; 조롱하다
Help us not to deride them because we are displeased.
제가 불쾌하다고 아이들을 조롱하지 않게 하옵소서.
I do not deride what was on offer.
나는 제안을 비웃지 않는다

Laconic [ləkánik] ; 말을 많이 하지 않는, 할 말만 하는
His laconic speech was clear enough to convey his point of view.
그의 간결한 연설은 그의 관점을 전달하기에 충분히 명확했다.
She had a laconic sense of humor.
그녀는 간결한 유머감각을 지니고 있다.

Gall [gɔːl] ; 뻔뻔스러움, 분개, 울분, 분하게 만들다
Then they had the gall to complain!
그런데 그들이 뻔뻔스럽게도 불평을 하다니!
He had the gall to ask questions about it.
그는 뻔뻔스럽게도 그것에 관하여 이것저것 물었다.

Ingrate [íngreit] ; 은혜를 모르는, 배은망덕한 사람
Anyway, Sodrel is not an ingrate.
어쨌든, 소드렐은 배은망덕한 놈이 아니야.
Judging by the way she behaves, I think she is an ingrate.

그녀가 행동하는 방식으로 볼 때 난 그녀가 배은망덕한 사람이라고 생각한다.

Largesse [laːrdʒés] ; 후함, 후한 행위, 부조금

Economic growth from consumption from government largesse is unsustainable.
정부 보조금의 소비를 통한 경제 성장은 지속 가능하지 않다.
My property, my largesse helps make your business possible.
내 재산과 관대함이 너의 기업이 번창 가능하도록 만드는 것이다.

Canard [kənάːrd] ; 허위 보도, 유언비어

It turned out to be a canard in the end.
그것은 결국 헛소문임이 드러났다.
I guess this is a sheer canard.
내 생각에 이건 그냥 유언비어 같다.

⟨Day 16⟩

Modish [móudiʃ] ; 유행을 따른
I set off for the almost brutally modish Mercer Kitchen.
저는 야만적이게 유행을 쫓는 머서 키친을 향해 출발했습니다.
Thirty years ago, it was a sexy young thing in modish Italian clothes.
30년 전에는 그것이 섹시하고 젊었으며, 현대적인 이탈리안 옷을 입고 있었다.

Leery [líəri] ; 미심쩍어 하는
The government is leery of changing the current law.
정부는 현행 법률을 변경하는 것을 조심스러워하고 있다.
I'm a bit leery about eating this food.
이 음식은 먹기가 좀 찜찜하다.

Fluke [fluːk] ; 요행
They are determined to show that their last win was no fluke.
그들은 자신들의 지난 번 우승이 요행이 아니었음을 보여주려고 단단히 벼르고 있다.
It was just a fluke that I sat next to him.
그의 옆에 앉게 된 것은 순전히 우연이었다.

Insipid [insípid] ; 맛이 없는, 재미없는

Tall people always turn out to be insipid.
키 큰 사람치고 싱겁지 않은 사람 없다
Hospital food is insipid for the most part.
병원 음식은 대체로 싱거운 편이다.

Lambaste [læmbéist] ; 맹공격하다, 비판하다

If another citizen prefers to exercise his rights dont lambaste him.
만약 또 다른 시민이 그의 권리를 행사하길 선호한다면, 그를 비난하지 마라.
It is the media that immediately starts to sully and lambaste in order to end debate instantly.
토론을 즉각적으로 끝내기 위해 바로 더럽히고 비난하기 시작하는 것은 언론이다.

Missive [mísiv] ; (특히 길거나 공식적인) 편지

Interviewed by e-mail, Yano, an airline employee, thumbed back this high-speed missive.
항공사에 근무하는 야노는 이메일 인터뷰에서 빠른 속도로 이런 답장을 보내왔다.
She gave details of her objections to the plans in a ten-page missive to the council.
그녀는 10페이지에 걸친 장문의 편지를 평의회에 보내 자신이 그 계획에 반대하는 이유를 상세히 밝혔다.

Whitewash [waiˈtwaʃ] ; 백색 도료, 눈가림

The opposition claimed the report was a whitewash.
야당은 그 보고서를 눈가림이라고 주장했다.
His wife had wanted to whitewash his reputation after he died.
그의 아내는 그가 죽고 난 후에 그의 평판에 대해 눈가림을 하려고 했었다.

Impugn [impjúːn] ; 의문을 제기하다

Freedom of expression does not include the freedom to impugn someone else's freedom of expression.
표현의 자유는 다른 사람의 표현의 자유를 침해하는 자유는 포함하지 않고 있다.
I certainly don't mean to impugn all cyclists.
나는 분명히 모든 사이클 선수들을 비난할 의도는 아니다.

Knell [nel] ; 사건의 종말을 알리는 종소리

The revolution tolled the death knell for the Russian monarchy.
그 혁명으로 러시아 군주제는 종말을 고했다.
Their defeat sounded the knell of the regime.
그들의 패배는 정권의 몰락을 알렸다.

Mire [maiər] ; 진흙탕, 수렁

The wheels sank deeper into the mire.
바퀴가 진창 속으로 더 깊이 빠졌다.
The government was sinking deeper and deeper into the mire.
정부는 수렁 속으로 점점 더 깊이 빠져 들어갔다.

Propaganda [pràpəgǽndə] ; 선전

Art may be used as a vehicle for propaganda.
예술이 정치 선전의 수단으로 이용될 수도 있다.
The news reports were being discounted as propaganda.
그 뉴스 보도들은 정치 선전으로 치부되고 있었다.

Whittle [wítl] ; 깎아서 만들다

I finally managed to whittle down the names on the list to only five.
나는 마침내 그 명단에 적힌 이름들을 단 5명으로 줄일 수가 있었다.
They tried to whittle down[away] expenses.
그들은 비용을 줄이려고 애썼다.

Jibe [dʒaib] ; 험담, 모욕적인 말, (남을 곤란하게 만들 말을) 하다, (~와) 일치하다

Your statement doesn't jibe with the facts.
당신의 진술은 사실과 일치하지 않는다.
His words and his actions do not jibe.
그는 언행이 일치하지 않는다.

Gaffe [gæf] ; 실수

Some say her approach is a refreshing change from the usual, while others say she made a serious gaffe.
어떤 사람들은 그녀의 접근 방식이 통상적인 것과는 다른 신선한 변화라고 말하는 반면, 어떤 사람들은 그녀가 심각한 외교 상의 실수를 했다고 말한다.
Korean government will punish officials found responsible for the recent diplomatic gaffe regarding Beijing's execution of a Korean man.
한국 정부는 최근 한국인이 북경에서 사형을 당한 외교상의 실수에 대해 책임자를 처벌할 것이다.

Imbue [imbjúː] ; 가득 채우다
Cosmetic surgery can imbue good confidence to face the challenging times of adulthood.
성형수술은 어른이 되었을 때 힘든 시기를 헤쳐갈 강한 자신감을 심어줄 수 있어.
He wanted to imbue the young boys with a sense of responsibility, adventure, and solidarity by training them like soldiers.
그는 젊은 소년들을 군인들처럼 훈련시킴으로써 그들을 책임감, 모험, 그리고 연대감의 정신으로 가득 채우기를 원했습니다.

Modest [mάdist] ; 그다지 대단하지는 않은, 보통의
He was modest and diffident about his own success.
그는 자기 자신의 성공에 대해 겸손하고 조심스러웠다.
He charged a relatively modest fee.
그는 비교적 비싸지 않은 수수료를 청구했다.

Pundit [pΛndit] ; 전문가, 권위자
The decision was in response to a petition by an online pundit, better known as 'Minerva'.

이번 위헌판결은 '미네르바'로 알려져 있는 인터넷 전문가가 신청한 청원에 대해 응한 것이다.
She has roles as a TV pundit and a columnist.
그녀는 텔레비전에 나오는 전문가와 칼럼니스트의 역할을 맡고 있다.

Florid [flɔ́ːrid] ; 발그레한, 장식이 너무 많은, 화려한
She awed her listeners with her elaborate[florid style of] speech.
그녀는 현란한 말솜씨로 듣는 사람의 혼을 쏙 빼놓았다.
His face would become florid and the anger would shine in his eyes.
그의 얼굴이 붉어지고 그의 눈에는 분노가 보였다.

Recant [rikǽnt] ; 철회하다
Galileo had to recant his observations in order not to be burned alive.
갈릴레오는 산 채로 불태워지지 않기 위해 자신의 관찰내용을 철회해야 했다.
Tens of thousands of Falun Gong members have been forced to recant by the Chinese government, while thousands have been sent to labor camps.
수천 명이 노동수용소로 보내지는 동안 수만 명의 파룬궁 가입자들은 중국 정부에 의해서 신앙을 버려야 했다.

Maudlin [mɔ́ːdlin] ; 넋두리를 하는, 감상적인
It sounds maudlin that there are actually two South Poles be-

cause the geographic pole changes each year.
감상적으로 들리지만, 지리적인 극점이 매년 움직이기 때문에 실제로는 남극이 두 개가 있다.
Do not debase yourself by becoming maudlin.
걸핏하면 눈물을 쥐어짜서 너의 품위를 떨어뜨리지 말아라.

Gist [dʒist] ; 요지

I missed the beginning of the lecture—can you give me the gist of what he said?
내가 그 강연의 시작 부분을 놓쳤어. 그가 한 말의 요지를 얘기해 주겠니?
The verbatim effect is a cognitive bias that says people remember gist rather than details.
요점 기억 효과는 사람들이 세부 사항보다는 요점을 더 잘 기억한다는 인지적 편향이다.

Prudish [prúːdiʃ] ; 얌전한 체하는, 내숭 떠는

She is prudish all the time.
그녀는 항상 고상한 체한다.
I was just a prudish English girl.
난 그저 얌전한 영국 소녀입니다.

Yoke [jouk] ; 멍에, 멍에를 씌우다

People are groaning under the yoke of tyranny.
국민들은 폭정 아래 신음하고 있다
Everyone in the office endured the yoke from the boss.

사무실의 전 직원들은 그 상사에게 지배를 받는다.

Apathy [ǽpəθi] ; 무관심

There is widespread apathy among the electorate.
유권자들 사이에 무관심이 팽배해 있다.
The citizens' apathy to local affairs resulted in poor government.
지역 일에 대한 시민들의 무관심으로 형편없는 정부가 생겨났다.

Malign [məláin] ; 비방하다, 해로운

The priest kept on praying so he could expel the malign spirits.
그 신부는 악한 정령들을 내쫓기 위해 계속해서 기도했다.
The potential malign hegemony can create international risk.
잠재적인 악의적 패권국은 국제적 위기를 초래할 수 있다.

⟨Day 17⟩

Garner [gáːrnər] ; 얻다

The voluntary retirement and unpaid leave are part of measures to regain market confidence and garner support from creditors.
희망퇴직과 무급휴직은 시장의 신뢰를 회복하고 채권단의 지원을 받기 위해 발표한 대책의 일환이다.
These strategies kept our company ahead of our competitors and we were able to garner more than 32% of the market share in textile products in the country.
이 전략으로 회사는 계속 경쟁력을 유지할 수 있었으며, 국내 섬유제품 시장에서 32% 이상의 시장 점유율을 획득했습니다.

Prolific [prəlífik] ; 다산하는, 열매를 많이 맺는

The mountainous area is prolific in valuable minerals.
산악 지대에는 다양한 광물이 풍부하다.
He is a prolific goal-scorer in our team.
그는 우리 팀에서 가장 득점력이 뛰어난 선수다

Qualm [kwaːm] ; 거리낌, 꺼림칙함

He felt the flowing qualm spread over him.
그는 자신에게 흘러넘치는 거리낌을 느꼈다.

A soft qualm, regret, flowed down his backbone, increasing.
가벼운 거리낌, 회한이 점점 더 등골을 타고 흘러내렸다.

Minion [mínjən] ; 아랫것, 하인
That guy is a gangster's minion.
저 녀석은 깡패 똘마니다
She is a minion of fortune to win the lottery.
그녀는 복권에 당첨된 행운아다.

Proxy [práksi] ; 대리, 위임
The number of patients on a doctor's list was seen as a good proxy for assessing how hard they work.
의사의 리스트에 올라 있는 환자 수는 그들이 얼마나 열심히 일하는지를 측정하는 데 좋은 대용물이었다.
Your proxy will need to sign the form on your behalf.
당신의 대리인이 당신 대신에 그 양식에 서명을 해야 할 것이다.

Fringe [frindʒ] ; 앞머리, 둘레를 형성하다
Along the coast, an industrial fringe had already developed.
그 해안선을 따라 띠 모양으로 이미 산업지역이 개발되어 있었다.
Nina remained on the fringe of the crowd.
니나는 계속 그 사람들 주변에 남아 있었다.

Magnate [mǽgneit] ; 거물
The steel magnate decided to devote more time to city politics.
강철 왕은 시정에 더 많은 시간을 할애하기로 결심했다.

He was once a well-known shipping magnate.
그는 한때 잘 알려진 선박 부호였다.

Abstain [æbstéin] ; 자제하다
His concern for his health made him decide to abstain from alcohol.
건강에 대한 그의 우려는 그로 하여금 음주를 결심하게 했다.
To prevent jet lag, experts advise travelers to abstain from alcohol before the flight and get plenty of rest. When the time difference is six hours or more, people are advised to begin adjusting their sleep schedules two to three days in advance.
시차 증후군을 예방하기 위해서 출발 전에는 되도록 술을 자제하고 충분한 휴식을 취하라고 전문가들은 조언한다. 또한, 시차가 6시간 이상인 지역으로 여행을 계획한다면 출발 2~3일 전부터 취침 시간을 조정하는 것도 요령이다.

Pare [pɛər] ; 벗기다, 축소하다, 감축하다
We must pare down the expenses.
우리가 비용을 줄이지 않으면 안 된다.
First, pare the rind from the lemon.
먼저, 레몬의 껍질을 벗기세요.

Forage [fɔ́:ridʒ] ; 먹이를 찾다, 사료
Wild animals forage for food to store as fat for the winter.
야생동물들이 겨울을 위해 지방을 축적하기 위해 먹이를 찾아다닌다.

Skunks usually forage during the night.
스컹크는 주로 밤에 먹이를 찾는다.

Mince [mins] ; 갈다, 갈아 놓은 고기
This is a perfect mince on toast recipe.
이것은 완벽한 구운 빵에 고기를 얹어 만드는 요리법이다.
He told me not to mince matters.
그는 내게 단도직입적으로 말하라고 했다.

Tout [taut] ; 장점을 내세우다
The beggar was begging to tout for bread.
그 거지는 빵을 열심히 얻으려고 구걸하고 있었다.
The soldiers were stationed there on the tout for possible enemy.
있을 수 있는 적을 감시하며 병사들은 그곳에 주둔해있었다.

Pallid [pǽlid] ; 창백한
Your face is getting pallid.
너의 얼굴이 점점 허여멀게 진다.
Unfortunately, Jim Carrey does it differently; shamelessly mugging at every turn, and changing this gentle pachyderm into a pallid, pre-rehab Robin Williams imitation.
불행하게도, 짐 캐리는 그것을 다르게 했습니다; 모든 순간마다 뻔뻔하게 과장된 표정을 짓고 점잖은 코끼리를 창백하고 미리 재활을 받은 로빈 윌리엄스 모방인물로 바꾸어 놓습니다.

Falter [fɔ́:ltər] ; 불안정해지다, 흔들리다
The old woman started to falter as she climbed the steps.
그 노파는 계단을 오르면서 비틀거리기 시작했다.
Never falter in doing good.
선행을 하는 데 망설이지 마라.

Mar [ma:r] ; 손상시키다
It's up to you to mend or mar.
지지든 볶든 너한테 달려 있다.
We need to choose: mend or mar.
우리는 성공할지 실패할지 선택해야 돼.

Abreast [əbrést] ; 나란히
It is almost impossible to keep abreast of all the latest developments in computing.
컴퓨터와 관련된 최신 발전 동향을 빠짐없이 챙겨 알아 둔다는 것은 거의 불가능하다.
I like to watch English broadcasted shows or movies when I'm between shifts in my hotel or at home. I also make sure to read all of the political magazines and newspapers in order to stay abreast on the current issues.
호텔에서 쉬는 시간이나 집에 있을 때 영어방송 쇼나 영화를 봅니다. 아울러, 최신 이슈를 알기 위해서 모든 정치 잡지와 신문을 봅니다.

Larceny [lɑ́:rsəni] ; 절도, 도둑질
유의어 theft, stealing, robbery

Recently, we have had frequent cases of larceny.
최근 절도 사건이 빈발하고 있다
Police officers found an attempted larceny to a money machine on the first floor of the building.
경찰들은 빌딩의 1층 현금지급기에서 절도죄가 일어난 것을 발견했다.

Faction [fǽkʃən] ; 파벌, 파당
A rebel faction has split away from the main group.
반역파가 주 집단에서 분리되어 나갔다.
This documentary class-angles well by interviewing many supporters of the faction.
이 다큐는 당파 지지자들을 인터뷰함으로써 사회적 갈등을 강조하거나 지적하여 보여준다.

Upbraid [əˈpbreid] ; 질책하다, 호되게 나무라다
Not until we have corrected our remediable ills dare we upbraid Providence.
교정될 수 있는 폐해를 바로 잡은 후가 아니면 감히 섭리를 비난하지 못한다.
But other commenters were quick to upbraid him.
하지만 다른 해설가들은 그를 서둘러 꾸짖게 되었다.

Deign [dein] ; ~한다는 듯이 굴다, 마지못해 ~한다
We beseech thee to deign to accept of them.
우리는 그들을 받아들이는 체할 것을 간청했다.
You deign to tell me the truth.

넌 마지못해 내게 진실을 말한다.

Loll [lal] ; 나른하게 누워 있다
Little girls loll out on the grass.
소녀들이 잔디 위에 척 늘어져 옆으로 누워있다.
The dog let its tongue loll out.
개는 혀를 축 늘어뜨리고 있었다.

Confound [kənˈfaʊnd] ; 어리둥절하게 만들다, 틀렸음을 입증하다
Against this backdrop, global and regional political situations are so rapidly changing that they confound any attempt to predict what will happen in a year or two.
이러한 배경하에서, 세계 및 국내의 정치적 상황이 급변하고 있기 때문에 1년이나 2년 후에 어떤 상황이 벌어질지 예측할 엄두를 내지 못하고 있다.
This ruse will confound the enemy.
이 계략으로 적을 물리칠 수 있을 것이다.

Verdant [vəˊːrdnt] ; 신록의, 파릇파릇한
France is going to explode some underground nuclear devices on the tranquil, verdant islands in South Pacific.
프랑스는 남태평양의 고요하고 녹음이 우거진 섬에서 지하 핵관련 장치를 폭파키려고 한다.
Much of the region's verdant countryside has been destroyed in the hurricane.
그 지역의 녹지대 대부분이 허리케인 때문에 파괴됐다.

Indolence [índələns] ; 게으름, 나태, 치유가 늦음

The ancient Greeks thought number 4 was a perfect number, symbolizing unity, indolence, and balance.
고대 그리스인은 화합, 평온, 균형을 상징으로 하는 숫자4가 완벽한 숫자라고 생각했다.
His room is always dirty due to his indolence.
그의 방은 자신의 게으름 때문에 항상 지저분하다.

Libertine [líbərtì:n] ; 난봉꾼

I also have the impression he was a libertine.
난 또한 그가 난봉꾼이라는 인상을 받았다.
What proof do you have that I'm a libertine?
내가 바람둥이라는 증거라도 있어?

⟨Day 18⟩

Winsome [wínsəm] ; 마음을 끄는, 매력적인
She has winsome ways.
그녀는 애교 만점이다.
Write correct and winsome English
정확하고 느낌이 좋은 영어로 쓰다.

Disseminate [disémənèit] ; 퍼뜨리다
There are people who like to disseminate false reports.
거짓 정보를 뿌리길 좋아하는 사람들이 있다.
Globalization helped disseminate investment capital, technology and entrepreneurial ideas far and wide.
세계화는 자본 투자와 기술 및 경영 전략 등을 멀리 널리 퍼뜨리는 데 도움을 줬다.

Incubus [ínkjəbəs] ; 큰 걱정거리, 악령
Thus, I believe that Europe is becoming an incubus on our economy.
따라서, 나는 유럽이 우리 경제에 큰 걱정거리가 되어가고 있다고 믿습니다.
You thought he was an incubus, but he wasn't.
너는 그가 악마라고 생각했지만, 그는 아니었다.

Limpid [límpid] ; 맑은

The children looked at him with limpid eyes.
아이들이 초롱초롱한 눈으로 그를 쳐다보았다.
Ernest Hemingway was once advised in high school to stop writing because he had no talent, but he finally managed to write limpid English.
어네스트 헤밍웨이는 고등학교 시절에 재능이 없으니 글을 쓰지 말라는 충고를 받았지만, 그는 결국 명료한 영어를 쓸 수 있게 되었다.

Jettison [dʒétəsn] ; 버리다

If your current relationship isn't bringing you the joy and fulfillment you initially envisioned, jettison it and go looking for that one special, magical person who is sure to make you supremely happy.
만약 여러분의 현재 관계가 여러분이 처음에 계획했던 기쁨과 성취감을 주지 않는다면, 그것을 내던지고 여러분을 확실히 행복하게 해 줄 수 있는 특별하고 마법과 같은 사람을 찾으러 가세요.
The company has been forced to jettison 200 employees due to financial problems.
그 회사는 재정 문제 때문에 200명의 고용인을 해고하지 않을 수 없었다.

Demur [dimə́:r] ; 이의를 제기하다

The judge would withdraw all pending motions of demur before the court hearings.
재판관은 법정 개정 전에 모든 진행되고 있는 이의 주장을 기각할 수 있다.
Everything went without demur according to schedule.
모든 일이 이의 없이 계획에 따라서 진행되었다.

Incise [insáiz] ; 새기다, 절개하다
Using tip of sharp knife incise bottom of each tomato with a small cross.
날카로운 칼끝을 사용해 각각의 토마토 밑바닥에 작은 십자가모양을 새겼다.
It's a pretty complicated system and it's very likely that the entire Grand Canyon did not incise all at one time.
이것은 꽤나 복잡한 시스템이며, 말하자면 그랜드 캐니언 전체가 한 번에 만들어지지 않은 것과 비슷하다.

Blowhard [blóuhà:rd] ; 허풍쟁이, 허풍선이
His father's a bit of a blowhard, right?
그의 아버지는 약간 허풍쟁이 같아요, 그렇죠?
Chavez is not just a blowhard.
차베스는 단지 허풍쟁이만은 아니다.

Quack [kwæk] ; 돌팔이 의사, 꽥꽥거리다
I've got a check-up with the quack next week.
나는 다음 주에 돌팔이 의사에게 가서 건강 검진을 받는다.
Quack doctors exploit country people.
돌팔이 의사는 시골 사람들을 이용해 먹는다.

Anodyne [ǽnədàin] ; 온건한
유의어 bland, inoffensive, innocuous
You must give attention to overdose when take this anodyne.
이 약을 복용할 때에는 과다복용에 유의해야 한다.
This is daytime television at its most anodyne.
이것은 감정을 완화시키는 때인 낮시간 방송이다.

Dirge [də:rdʒ] ; 장송곡, 비가
His saxophone was as plaintive as a funeral dirge.
그의 색스폰은 장례식 장송곡과 같이 구슬프게 들렸다.
The anti-tax groups planned a funeral procession of tax in front of federal building while a dirge is being played.
세금에 반대하는 그룹들은 정부 청사 앞에서 장송곡이 연주되는 가운데 세금의 장례식 행렬을 계획했다.

Impute [impjú:t] ; 에게 돌리다, 씌우다, 전가하다
How dare you impute the failure to me?
넌 어떻게 감히 그 실패를 내 탓이라고 하느냐?
The police impute the accident to the bus driver's carelessness.
경찰은 사고의 원인을 버스 운전사의 부주의로 돌리고 있다.

Accession [æksé∫ən] ; 취임, 즉위
That is a great accession to the neighborhood.
그것은 이웃에 큰 이익이 된다.
Parliament legitimated his accession to the throne.
의회는 그가 왕위에 오르는 것을 합법으로 인정했다.

Foment [foumént] ; 조성하다

To foment an uprising, Chinese rebels used lotus-seed mooncakes with messages written on rice paper hidden inside to successfully overthrow the Mongols.
반란을 촉진시키기 위해서, 중국인 폭도들은 성공적으로 몽골인들을 전복시키기 위해서 안에 숨겨진 쌀 종이 위에 쓰여진 메시지를 가진 연꽃 씨 월병을 사용했어요.
The government uses these groups to foment violence.
정부는 이러한 단체들을 이용하여 폭력을 조장한다.

Calumny [kǽləmni] ; 중상

The fashion company had to send its own e-mails to counter the calumny which happened on April Fools Day.
그 패션 회사는 만우절 날 발생한 비방에 맞서기 위해서 스스로 이메일을 보내야만 했다.
A person commits the sin of calumny or slander when by lying he injures the good name of another.
거짓말로 다른 사람의 명예을 훼손하면 중상죄나 명예훼손죄에 해당한다.

Eschew [istʃúː] ; 피하다, 삼가다

Coming of age in a time of interracial marriages, many eschew the old notions of race; maturing at Internet speed, they are more connected than any generation.
인종간 결혼의 시대에 혼기를 맞은 많은 이들이 케케묵은 인종편견에서 탈피하고 있다. 다시 말해 인터넷 속도에 익숙해진 그들은 다른 어떤 세대보다 상호간 연계성을 더 높여 가고 있다.
I hope that we always eschew affectation.
우리가 늘 허세는 피하기를 희망한다.

Abrade [əbréid] ; 마멸시키다, 찰과상을 입히다

Dust contains numerous particles that can abrade your machine's internals.
여러 입자를 함유한 먼지는 기계 내부를 마모시킨다.
Far healthier to abrade her fellow bloggers than to swallow tranquillizers.
그녀가 블로거들을 지우는 것이 안정제를 먹는 것보다 훨씬 더 건강에 좋다.

Convoke [kənvóuk] ; 소집하다

He sent the message to convoke a meeting of the members.
그는 회원들의 회의를 소집하는 메시지를 보냈다.
Let us convoke a general assembly of the nations.
각국의 의회들을 소집하자.

Fervid [fəˊːrvid] ; 열렬한

He made a fervid speech in front of thousands of people.
그는 수천 명의 사람들 앞에서 열정적인 연설을 했다.
For many years I was a fervid opponent of the broadcasting of our proceedings.
많은 해 동안 나는 우리의 소성 절차에 대한 방송을 열렬하게 반대하는 사람이었다.

Abdicate [ǽbdəkèit] ; 왕위에서 물러나다, 퇴위하다

She was forced to abdicate the throne of Spain.
그녀는 어쩔 수 없이 스페인 여왕 자리를 물러나야 했다.
Imperial Japan forced Emperor Gojong to abdicate the throne.
일제는 고종 황제를 강제로 퇴위시켰다

Occlude [əklúːd] ; 가리다, 막다

It's a non-invasive way to occlude the aorta.
이것은 대동맥을 막기 위한 비외과적인 방법이다.
The promises of reform swiftly occlude the spaces for criticism and formulation of alternatives.
개혁에 대한 약속은 신속하게 비판의 여지와 공식 대안들을 차단한다.

Nascent [nǽsnt] ; 발생기의, 초기의

A nascent party was formed by politicians who had left the ruling party.
신생 정당은 여당을 떠난 정치인들로 구성되었다.
A nascent romance went sour.
막 싹텄던 로맨스가 시들해졌다.

Temperate [témpərət] ; 온화한

One thing he has to do to lose weight is to be temperate when he eats.
그가 살을 빼기 위해 해야 하는 한 가지는 먹는 것을 절제하는 것이다.
The weather in Sydney is temperate, with warm summers and cool winters.

시드니의 날씨는 온화하며, 여름에는 따뜻하고 겨울에는 서늘하다.

Turgid [tə́ːrdʒid] ; **복잡하고 따분한, 부어오른, 물이 불어난**
The stories are so turgid and predictable.
이야기들은 너무나도 따분하고 뻔했다.
Turgid drama and incompetently staged action sequences.
따분한 연극과 형편없는 연출로 꾸며진 액션 장면들.

Unctuous [ʌ́ŋktʃuəs] ; **번지르르한**
The salesperson attempted to sell the baby mask with his unctuous words.
유창한 화술로 그 판매원은 아기용 마스크를 팔려고 했다.
Even though she turned him down, he was unctuous and greasy, trying to start conversation.
그는 여자가 싫다는 데도 자꾸 느물거리며 말을 붙였다

⟨Day 19⟩

Elucidate [ilú:sədèit] ; 설명하다
I will try to elucidate what I think the problems are.
제 생각에 문제가 되는 것들을 설명해 보겠습니다.
I am waiting for you to elucidate your mistakes.
나는 당신이 자신의 실수를 설명하길 기다리고 있다.

Verbose [vəːrbóus] ; 장황한
Although he looks older than the teachers in the movie, the actor plays an excessively verbose teenager.
영화 속의 교사들보다 나이가 많아 보이지만 그 배우는 아주 수다스러운 십대를 연기한다.
He was renowned for being a verbose and rather tedious after-dinner speaker.
그는 말이 많고 다소 지루한 식후 연설가로 잘 알려져 있었다.

Facetious [fəsí:ʃəs] ; 경박한, 까부는
We grew tired of his frequent facetious remarks.
우리는 그가 빈번하게 늘어 놓는 소리에 싫증이 났다.
Many people at the party were offended by his facetious comments.
파티에 있던 많은 사람들은 그의 경박한 말 때문에 화가 났다.

Vapid [vǽpid] ; 김빠진

After the talk, I found the professor strongly idiotic and emotionally vapid.
얘기를 나누고 나서 나는 그 교수가 대단히 바보스럽고 정신적으로 공허하다는 것을 깨달았다.
All the summer, they always ate peanut butter sandwiches, plunged into the couch and absorbed vapid pop culture images from TV.
여름 내내 그들은 땅콩 샌드위치를 먹으며 소파에 누워서 TV의 공허한 대중문화의 이미지들 속으로 빠져 들었다.

Whet [hwet] ; 돋우다

The preview was intended to whet your appetite.
그 예고편은 당신의 욕구를 자극하기 위한 것이었다.
Isn't there anything to whet my appetite?
입맛을 돋울 만한 거 뭐 없을까?

Grovel [grʌvəl] ; 굽실거리다, 기어 다니다

Why did he grovel in the dust to Mr. Smith? Did he make a huge mistake?
왜 그가 스미스씨에게 그토록 굽실거렸나요? 무슨 잘못이라도 했나요?
Now they line up to grovel in the dust.
이제 그들은 머리가 땅에 닿도록 굽신거리기위해 줄을 섭니다.

Zeal [ziːl] ; 열의, 열성

She spoke about her new project with missionary zeal.
그녀는 자신의 새 프로젝트에 대해 대단한 열정을 갖고 말했다.
The reforms were carried out with an almost messianic zeal.
그 개혁은 거의 세상을 다 바꾸려는 듯한 열정으로 진행되었다.

Fortuitous [fɔːrtjúːətəs] ; 우연한, 행운의

The collapse of its rivals brought fortuitous gains to the company.
경쟁 회사의 몰락이 그 회사에 뜻밖의 이득을 가져다 주었다.
Fortuitous winds and strong currents had shifted the direction of the oilspilled ship.
우연한 바람과 강한 해류로 기름을 방출하고 있는 배의 진로가 바뀌었다.

Impetuous [impétʃuəs] ; 성급한, 충동적인

He is an impetuous conclusionist.
그는 성미가 급하고, 매사에 결론만 내리려고 하는 사람이다.
His mom seems to be an impetuous person.
그의 엄마는 극성스러운 사람인 것 같다.

Ersatz [ɛərzaːts] ; 대용품의

Because I don't want an ersatz you.
왜냐하면 난 널 대신하는 건 원하지 않기 때문이야.
It has become a sort of ersatz religion.
그것은 일종의 종교 대용품이 되었다.

Homage [hámidʒ] ; 경의, 존경의 표시
The kings of France paid homage to no one.
프랑스의 왕들은 누구에게도 경의를 표하지 않았다.
Many people pay homage to the genius of Mozart.
많은 사람들이 모차르트의 천재성에 경의를 표한다.

Endemic [endémik] ; 고유의, 고질적인, 풍토적인
Malaria is endemic in many hot countries.
말라리아는 많은 열대 국가들의 풍토병이다.
Corruption is endemic in the system.
부패가 그 시스템의 고질병이다.

Philistine [fíləstìːn] ; 필리스틴 사람의, 속물의, 평범한, 교양 없는, 실리적인
I think I am described as a philistine.
나는 내가 속물이라고 생각한다.
I'm a bit of a philistine when it comes to art.
나는 예술 분야에 있어선 다소 교양 없는 사람 축에 든다.

Diatribe [dáiətràib] ; 비판
He waltzed into a long diatribe against the government's policies.
그는 정부 정책에 대해 길고 통렬한 비난을 하였다.
The politician launched into a diatribe against the government policy.
그 정치인은 정부 정책에 대하여 혹평을 시작했다.

Vilify [víləfài] ; 비난하다
Southerners never understood Lincoln and came to vilify him as a tyrant.
남부 사람들은 링컨을 이해하지 못하고 그를 독재자라고 비난하기 시작했다.
The party is supported both by those who deify the pope and by those who vilify him.
그 정당은 교황을 신격화하는 사람들과 그를 비난하는 사람들 모두에 의해서 후원된다.

Pastiche [pæstíːʃ] ; 모방 작품, 파스티셰(그림 등이 여러 스타일을 혼합한 작품)
A pastiche in the British war film genre?.
It's kind of a pastiche, really.
이것은 정말이지 모방 작품의 일종이다. 영국 전쟁 영화 장르에 대한 혼합 작품인가?

Ambivalent [æmbívələnt] ; 반대 감정이 병존하는, 애증이 엇갈리는
He has an ambivalent attitude towards her.
그는 그녀에 대해 애증이 엇갈리는 태도를 보인다.
She seems to feel ambivalent about her new job.
그녀는 새 직장에 대해 좋기도 하고 싫기도 한 모양이다.

Catharsis [kəθάːrsis] ; 카타르시스
Aristotle spoke of catharsis, or purification, as the aim of

tragedy.
아리스토텔레스는 카타르시스, 즉 순화를 비극의 목적이라고 말했다.
Music is a creative outlet through which I can express myself and gain some sense of catharsis.
음악은 내 자신의 감정을 표현하고 마음을 정화시킬 수 있는 창조적인 분출구다.

Oblique [əblíːk] ; 비스듬한, 사선의, 완곡한, 애매모호한

The criminals' answers to the police were oblique.
경찰의 질문에 대한 범인들의 대답은 애매모호했다.
The line on the road is oblique.
길에 있는 그 선은 비스듬하다.

Egress [íːgres] ; 떠남, 나감

The theatre affords the audience ample means of safe egress.
그 극장에는 관객에게 비상구의 설비가 충분히 있다.
His egress from the concert indicated that he was not satisfied with the music.
그가 연주회장에서 뛰쳐나갔다는 것은 음악이 만족스럽지 않았음을 의미했다.

Abjure [æbdʒúər] ; 포기하다

They were compelled to abjure their faith.
그들은 신앙을 버리지 않으면 안되었다.
It was hard for him to abjure the realm and emigrate.
영원히 고국을 떠날 것을 선서하기가 그에게 어려웠다.

Sardonic [sa:rdánik] ; 가소롭다는 듯한, 냉소적인, 조소하는
She is sardonic of his efforts.
그녀는 그의 노력에 대해 냉소적이다.
Both were praised for their sardonic wit, and for a while they were the toast of the office.
사람들은 두 사람의 냉소 어린 재치를 높이 샀고 한동안 그들은 사무실에서 인기를 독차지했다.

Morose [məróus] ; 시무룩한, 뚱한
Why are you so morose these days -- what's depressing you?
요즘 왜 그렇게 침울하신가요? 무엇이 당신을 우울하게 만드는지요?
If I don't seem as depressed or morose as I should be, sorry to disappoint you,' he said.
내가 그래야 하는 만큼 우울하거나 시무룩하게 보이지 않는다면, 여러분들을 실망시켜드려 미안합니다'라고 그가 말했다.

Foible [fóibl] ; 약점
An inability to recognize one's own limitations is a common human foible.
자신의 한계를 인식하지 못하는 것은 인간의 일반적인 약점이다.
With many sublime virtues, he had no vice that I knew or ever heard of, and scarcely a foible.
그는 수많은 숭고한 선행을 실천했으며, 내가 알고 있는 한으로 범죄를 저지르거나 약간의 결점이라도 있지 않다.

Cacophony [kækɔ́fni] ; 불협화음

As we entered the farmyard, we were met with a cacophony of animal sound.
농가 마당에 들어서자 동물들이 내는 불협화음이 우리를 맞았다.
We couldn't stand their cacophony anymore.
우리는 그들의 불협화음을 더는 견딜 수가 없었다.

⟨Day 20⟩

Acolyte [ǽkəlàit] ; 시종, 조수
No one is ordained as an acolyte or a lector anymore.
아무도 더 이상 견습생이나 강사로 임명되지 않는다.
The left detests her as an acolyte of Nicolas Sarkozy, France's maverick right-wing President.
남은 사람은 우익 성향의 프랑스 대통령 니콜라 사코지의 시중인 그녀를 혐오합니다.

Impasse [ímpæs] ; 교착 상태
Negotiations have reached an impasse.
협상이 교착 상태에 이르렀다.
How is that impasse going to be broken?
과연 어떻게 이 난국을 타개할 수 있겠습니까?

Chauvinism [ʃóuvənìzm] ; 맹목적 애국심
Local chauvinism has been the main cause of the fighting.
지방의 광신적 애국주의가 다툼의 주요 원인이었다.
This is not about nationalism or chauvinism.
이것은 민족주의나 애국주의에 대한 것이 아니다.

Maelstrom [méilstrəm] ; 대혼란, 대동요

The boat flipped and hurled its passengers into the maelstrom.
보트는 뒤집혀지고 승객들은 소용돌이 속으로 내던져지고 말았다.
It's not the maelstrom of anarchy that has been portrayed.
그것은 상상했던 것과는 다른 무정부상태의 대혼란이다.

Listless [lístlis] ; 힘이 없는, 무기력한

The illness left her feeling listless and depressed.
그녀는 그 병 때문에 무기력하고 우울한 기분에 빠졌다.
You seem listless lately.
요즘 기운이 없어 보인다.

Gerontocracy [dʒèrəntákrəsi] ; 장로 정치, 장로 정부

They can only meld into a form of gerontocracy coupled with anarchism.
그들은 무정부주의와 연관되어 있는 장로 정부의 형태로 혼합할 수 있다.
So the younger working population inevitably have to pay more tax to subsidise the new gerontocracy.
이 장로정치를 지원하기 위해서 젊은 연령층의 사람들이 불가피하기도 더 많은 세금을 내야 할 것이다.

Diurnal [daiə́:rnl] ; 주행성의

Are any owls diurnal, or are they all nocturnal?
주행성인 부엉이도 있나요, 아니면 부엉이는 모두 야행성인가요?
Sunlight affects the diurnal rhythms of life.
햇빛은 주간의 생활리듬에 영향을 미친다.

Neophyte [níːəfàit] ; 초보자

While you are still a Pokemon-neophyte, Pikachu is the popular central character of the game and TV series.
당신이 포켓몬 초보자라 해도, 피카추는 게임과 TV 시리즈의 인기 있는 캐릭터다.
The new mayor is a political neophyte who has only worked in finance.
새 시장은 재정 분야에서만 일해 왔기 때문에 정치적으로는 초보자다.

Burlesque [bəːrlésk] ; 풍자시, 희화화하다

Students in the course will examine burlesque and verbal slapstick in American movies from the silent classics through screwball comedies.
이 코스에서 학생들은 무성영화에서 폭소 코미디에 이르기까지 미국 영화 속의 외설적인 코미디와 비꼬는 농담에 대해서 살펴보게 된다.
The musical Cats is a famous burlesque that indirectly expresses human nature.
뮤지컬 캣츠는 인간의 본성을 우회적으로 잘 표현한 유명한 풍자극이다.

Edify [édəfài] ; 고양시키다, 교화시키다

The city mayor is considering a team that would edify the citizen.
시장은 시민을 계도할 팀의 결성을 고려하고 있다.
Although his purpose was to edify and not to entertain his au-

dience, many of his listeners were amused and not enlightened.
그의 목적은 청중들을 즐겁게 하는 것이 아니라 교화시키는 것이었지만, 대다수의 사람들은 교화된 것이 아니라 즐거워했다.

Apostate [əpǽsteit] ; 변절자, 배교자

Oftentimes, servants would wear masks and make fun of their masters or apostate monks.
종종 노예들이 탈을 쓰고 그들의 주인이나 파계승들을 해학적으로 풀어내기도 한다.

For example, several core satirical themes are: ridicule on apostate Buddhist monks, frustration of lower class people, conflict between couples, and the poverty of commoners.
몇 가지 핵심 주제의 예를 들자면, 파계승에 대한 조롱, 하급층 사람들의 좌절감, 부부간의 갈등, 그리고 평민들의 가난 등이다.

Echelon [éʃəlàn] ; 계급, 계층, 지위

He is the only top-echelon grand master to devote his career to teaching those below master strength.
그는 명인 아래 등급의 사람들에게 체스를 가르치는데 전념하는 유일한 최고 명인이다.

They were regarded as the lowest echelon of society but were welcomed by the common people because of the entertainment the namsadangpae provided.
이들은 당시 사회에서 가장 천대받는 계급이었지만 신명 나는 볼거리를 제공하여 민중들로부터 환영받았다.

Monolithic [mànəlíθik] ; 획일적이고 자유가 없는, 단일체의, 모놀리스로 만든

The current money system is largely monolithic, as nearly all major countries have a single system of national currencies.
거의 모든 대부분의 나라가 단일 화폐 시스템을 가지고 있으므로 현대의 화폐 시스템은 넓게 보면 획일적이다.
An operating system in the computer is a monolithic entity that provides many applications.
컴퓨터의 운영체제는 다양한 기능을 제공하는 총체적인 구성요소다.

Barrage [bərάːʒ] ; 일제 엄호 사격, 댐, 보, 질문공세

He responded to the barrage of reporters' questions with one answer.
그는 기자들의 질문 공세에 하나의 대답으로 일관했다.
As the tide goes in and out, water flows through tunnels in the barrage.
조수가 들어가고 나가면서, 물은 둑 내부의 터널을 통과하여 흐른다.

Compendium [kəmpéndiəm] ; 개요

The best place to start your search for new software is a compendium site that gathers all downloadable softwares across the internet.
새로운 소프트웨어 검색을 시작하기에 가장 좋은 곳은 인터넷 상에서 내려 받을 수 있는 모든 소프트웨어를 모아놓은 자료실 사이트다.
Talmud is a compendium of law and commentary applying to life in changed circumstances.

탈무드는 변화하는 상황에 적용되는 율법과 해석을 간략하게 적어 놓은 책자다.

Homogeneous [hòumədʒíːniəs] ; 동종의, 순일의

It's a dull city of homogeneous buildings.
그곳은 동종의 건물들로 이루어진 따분한 도시이다.
Some governments want a homogeneous national identity.
일부 정부들은 동질적인 국민의 정체성을 원한다.

Misanthropy [misǽnθrəpi] ; 사람을 싫어함, 염세

At such moments I find myself gripped by a deep misanthropy.
그러한 순간에 나는 깊은 염세주의에 사로잡히고 마는 내자신을 발견한다.
But let's face it: parties wouldn't be parties without a healthy dose of misanthropy.
그러나 그것을 직시하자: 정당은 건전한 박애주의 없이는 파티가 되지 않을 것이다.

Disingenuous [dìsindʒénjuəs] ; 솔직하지 못한

It would be disingenuous of me to claim I had never seen it.
내가 그것을 한 번도 본 적이 없다고 주장한다면 솔직하지 못한 일이 될 겁니다.
She was carefully disingenuous and told them only what they wanted to hear.
그녀는 용의주도하게 부정직한 사람으로 그들이 듣고 싶어하는 말만 해주었다.

Austere [ɔːstíər] ; 거친, 너무 강한, 맛이 신, 쓸쓸한, 엄격한
This work is in austere counterpoint to that of Gaudi.
이 작품은 가우디 작품과 극명한 대조를 이룬다.
My father was a distant, austere man.
우리 아버지는 냉정하고 근엄한 분이셨다.

Normative [nɔ́ːrmətiv] ; 규범적인
In a normative sense, it applies to economic theories that advance the idea that socialism is both the most equitable and most socially serviceable form of economic arrangement for the realization of human potentialities.
원칙적으로 이는 사회주의는 인간의 잠재적 가치 실현을 위한 가장 평등하고 사회에 유용한 형태의 경제 제도라는 사상을 확장한 경제 이론들을 적용한 것이다.
They are loyal and dependable. The problem is that it has become normative, to be stressed and sick.
그들은 충성스럽고 신뢰할 수 있습니다. 문제는 그것이 스트레스 받고 아프게되는 규범이 되어 버렸습니다.

Hapless [hǽplis] ; 불운한, 불행한
Many children are hapless victims of this war.
많은 어린이들이 이 전쟁의 불행한 희생자이다.
The Titanic plunges to the bottom with most of its hapless passengers.
타이타닉호는 대부분의 불운한 승객들과 함께 밑바닥으로 가라앉게 된다.

Grandiloquent [grændíləkwənt] ; 말을 거창하게 하는

He was a performer who loved making grandiloquent gesture.
그는 과장된 동작을 좋아하는 연기자였다.
Millions died in Mao Zedong's grandiloquent campaigns such as the Great Leap Forward, which set China back for decades.
대약진정책과 같은 모택동의 현실성 없는 캠페인으로 수백만 명이 죽었으며, 중국은 몇십 년 전으로 퇴보했다.

Quibble [kwíbl] ; 옥신각신하다, 불만

It's a minor quibble, though, because once things got going, everyone settled in and things went smoothly.
그러나 그것은 사소한 일이었습니다. 일단 일이 시작되면 모든 사람들이 적응하여 일이 순조롭게 진행되었으니까요.
I quibble over this, but I feel that you art right!
내가 여러 가지로 핑계를 대지마는 네가 정당한 것 같다.

Idyll [áidl] ; 목가시, 전원시, 전원의

They seem to have reached a kind of idyll here.
그들은 전원적인 여기에 도착했던 것 같다
Now the neoliberal idyll is over.
이제 신자유주의파의 전원시는 끝났다.

Heterodox [hétərədàks] ; 이교의

Her theology took a distinctly heterodox form.
그녀의 신학은 명백히 이단적인 형태를 띠었다.
His opinions have always been distinctly heterodox.
그의 의견은 언제나 명백하게 이단적인 것이었다.

⟨Day 21⟩

Reticence [rétisəns] ; 과묵, 말수가 적음
His reticence about his past made them very suspicious.
그가 자신의 과거에 대해 말을 하지 않았으므로 그들은 매우 의심이 갔다.
Extreme reticence is observed in official circles in(=on) the affair.
그 사건에 대해서 관변에서는 굳게 입을 다물고 있다.

Opine [oupáin] ; 의견을 밝히다
I don't opine on things I haven't studied.
내가 연구하지 않은 것들에 대해서는 의견을 피력하지 않는다.
That's what happens when you ask people to opine.
사람들보고 자신의 입장을 밝히라고 할 때 벌어질 수밖에 없는 일이야.

Sobriquet [sóubrikèi] ; 별명
No wonder it has become a sobriquet.
별명이 된 것에 아무도 궁금해하지 않는다.
From that day until the end, the sobriquet clung to him.
그날부터 끝까지 그 별명은 그에게 달라붙었다.

Nexus [néksəs] ; 결합

A close nexus of influence and cooperation exists between the press and the political establishment.
언론과 권력 사이에는 함수 관계가 있다
Nature, to the Buddhist, is envisaged as a nexus of laws.
불교도는 자연을 율법의 연쇄 관계라고 본다.

Droll [droul] ; 우스꽝스러운

Whenever he expresses a very cynical view of marriage, he expresses it in a droll fashion.
그는 결혼에 대해서 매우 냉소적인 시각으로 이야기할 때마다 그는 약간 우스꽝스럽게 표현한다.
The clown's performance was quite droll.
그 광대의 공연은 아주 우스꽝스러웠다.

Salient [séiliənt] ; 가장 중요한, 핵심적인, 가장 두드러진, 현저한

He summarized the salient points.
그가 핵심적인 점들을 요약했다.
She pointed out the salient features of the new design.
그녀는 그 새 디자인의 가장 두드러진 특징들을 지적했다.

Pyre [paiər] ; 장작더미

So this is a giant funerary pyar.
따라서 이것은 거대한 장례용 장작더미입니다.
The 'History' books they used back in high school, though, deserve a good pyre.

그들이 고등학교때 사용했던 역사책들이었을 지라도, 좋은 땔감으로 사용될 만큼 가치가 없는 것이다.

Syncopation [siŋkəpéiʃən] ; 중략, 당김음
In music, syncopation is the stressing of normally unstressed beats in a bar.
음악에서 당김음은 한 마디에서 보통 강세가 없는 박자를 강조 하는 것이다.
Jazz is characterized by abundant use of syncopation, improvisation, polyrhythms, and the swing note.
재즈는 당김음, 즉흥 연주, 폴리리듬, 그리고 스윙음을 풍부하게 사용하는 것이 특징이다.

Inchoate [inkóuət] ; 이제 시작 단계인
She had a child's inchoate awareness of language.
그녀는 어린이의 초기 언어 인지력을 지니고 있다.
It is a clumsy, inchoate and incoherent measure.
그것은 어설프고 미완성적이며 비논리적인 조치이다.

Panache [pənǽʃ] ; 위풍당당
It is all staged with a hectic panache.
그것 모두는 너무 멋지게 기획된다.
Leland handles this with great panache, though.
하지만, 릴런드는 이것을 아주 당당하게 다룬다.

Depravity [diprǽvəti] ; 타락, 부패

He had a life filled with depravity.
그 사람은 방탕한 삶을 살았다.
Acts of depravity under the guise of African traditions should not be allowed.
아프리카의 전통을 가장한 엽기적인 행위는 허용되어서는 안 된다.

Rococo [rəkóukou] ; 로코코식의

Inside the church, there are paintings from the Cuzquena and Quitian schools, as well as Baroque and Rococo altars.
교회 내부에는, 바로크와 로코코 양식의 제단들뿐만 아니라 쿠즈케냐와 킨티안 학교의 그림들이 있습니다.
Pieter had the whole audience on their feet after his Rococo Variations and there was a standing ovation too for the Beethoven.
Pieter의 로코코식 변주곡이 완주된 후에 모든 관중들은 기립하였고 Beethoven을 향한 기립박수도 있었다.

Quell [kwel] ; 진압하다

Extra police were called in to quell the disturbances.
그 소요를 진압하기 위해 경찰이 추가로 투입되었다.
Our immediate priority is to quell disorder within the team.
팀 내의 분란을 잠재우는 것이 급선무다.

Soporific [sàpərífik] ; 최면성의

Listening to soporific music while driving can be dangerous.
운전하는 동안 졸음이 오는 음악을 듣는 것은 위험할 수 있다.

Her soporific voice made it difficult to stay awake in the lecture.
그녀의 졸리는 목소리 때문에 강의 시간에 깨어 있기가 어려웠다.

Loquacious [loukwéiʃəs] ; 말이 많은

She was very loquacious about her experiences.
그녀는 자신의 경험에 대해 너무 떠벌였다.
Lieutenant Colombo can be quite loquacious when he starts asking questions.
콜롬보 형사는 질문을 시작하게 되면 상당히 말이 많아진다.

Tyro [táiərou] ; 초보자

Much practice changed the tyro into an expert.
많은 연습을 쌓아서 그 풋내기는 선수가 되었다.
For one, he appears to be a tyro when it comes to economics.
그는 경제학 이야기만 나오면 초보자처럼 아무것도 모르는 것으로 보인다.

Paucity [pɔ́ːsəti] ; 소량, 부족, 결핍

There is a paucity of information on the ingredients of many cosmetics.
각종 화장품에 들어가는 원료에 관해서는 정보가 극히 부족하다.
Paucity of liquidity in the market-reduce interest rates.
시장에서의 유동성 결핍은 예금 금리를 인하시킨다.

Transgression [trænsgréʃən] ; 위반, 범죄

Transgression of the rules was met with severe punishment.
규칙의 위반은 엄격한 처벌을 받았다.
The biggest transgression of all, they said, was that they and their small town of Glod were made a laughingstock around the world.
그들이 말하길 가장 큰 위반은 그들과 그들의 작은 마을이 전세계적으로 웃음거리가 되었다는 것이었다.

Wizened [wíznd] ; 주름이 쪼글쪼글한
In a street of Bagdad, the wizened old man sold cigarettes not by the pack, but by the smoke.
바그다드의 거리에서 주름살이 많은 노인이 담배를 포장단위로 팔지 않고 한모금씩 팔았다.
Behavioural change is hard to achieve, particularly for a man of Brown's wizened years.
행동적 변화를 성취하는 것은 매우 어려운 일이다. 특히 오랜 세월을 살아온 사람에게는 더욱 그렇다.

Pique [pi:k] ; 불쾌감, 불쾌하게 하다
When he realized nobody was listening to him, he left in a fit of pique.
그는 아무도 자기 말을 듣지 않는다는 것을 깨닫고 욱해서 떠나 버렸다.
She slapped on his face in a fit of pique.
그녀는 화가 나서 그의 뺨을 때렸다.

Sublime [səbláim] ; 절묘한, 숭고한, 지고한
My spirit seems to have been purified after looking at the sublime scenery.
장엄한 경치를 보고 나면 내 마음은 정화되는 것 같다.
He transforms the most ordinary subject into the sublime.
그는 지극히 평범한 소재를 절묘한 것으로 바꿔 놓는다.

Umbrage [Ʌmbridʒ] ; 분하게 여김, 불쾌, 분개
The people take umbrage at the idea.
사람들은 그 아이디어에 화를 낸다.
His gesture wasn't necessary and it would have made people doubts of giving umbrage to others.
그의 행동은 불필요했고 사람들을 불쾌하게 하는 오해를 만들 뻔 했다.

Wane [wein] ; 약해지다, 줄어들다, 시들해지다
Her popularity has been on the wane for some time.
그녀의 인기가 한동안 시들해지고 있다.
His popularity is on the wane.
그의 인기는 내리막을 걷고 있다

Panoply [pǽnəpli] ; 모음, 집합, 투구와 갑옷
Several directors cringed at recalling their first sight of the bank's new headquarters late last year, with its wood panels, mirrored ceilings and flashy panoply of sculptures and wall hangings.
여러 이사들은 작년 말 나무 판넬, 거울로 덮인 천장, 화려한 조각들

그리고 벽걸이들로 장식된 은행의 신축본점을 처음 보았을 때를 회상하면서 위축되었다.
Lady has raised a panoply of issues.
여자는 많은 문제들을 제기했다.

Inert [inə́:rt] ; 비활성의, 기력이 없는
He lay inert with half-closed eyes.
그는 기력이 없어 눈을 반쯤 감은 채 누워 있었다.
He is by nature inclined to be rather inert.
그는 천성적으로 좀 움직이기 싫어하는 편이다.

⟨Day 22⟩

Savant [sævάːnt] ; 학자, 석학
Matt is a musical savant and he will celebrate his 12th birthday.
Matt은 음악 천재성을 가진 서번트이며, 12번째 생일을 맞이하게 된다.
He is a savant in his own estimation.
그는 자기딴엔 대학자로 자처하고 있다.

Syntax [síntæks] ; 구문론, 통사론
It's easy to find syntax errors.
구문 에러를 찾는 건 쉬워.
The authorization script has incorrect syntax. Correct the syntax and try again.
권한 부여 스크립트의 구문이 잘못되었습니다. 구문을 수정한 후 다시 시도해 보십시오.

Terse [təːrs] ; 간결한
The President issued a terse statement denying the charges.
대통령이 그 혐의들을 부인하는 간단한 성명서를 발표했다.
Her newspaper articles are terse and to the point.
그녀가 쓴 신문기사는 간결하고 요령이 있다.

Canonical [kənánikəl] ; 표준이 되는
They agree it may be the most significant, ancient non-canonical discovery in the past 60 years.
그들은 이것이 지난 60년간 발견된 복음서 중 가장 의미 있고, 고대의 비복음서의 발견이라는 데에 동의했다.
Officials in the early Church rejected the original as heretical and excluded it from the so-called canonical Gospels -- Matthew, Mark, Luke and John - that formed the officially sanctioned New Testament.
초기 교회의 관리들은 원서를 이단이고 정전에서 제외된다는 이유로 배척했다. 마테오, 마르코, 루크 그리고 요한서는 신약성서에서 공식적으로 허가된 것이다.

Virulent [vírjulənt] ; 악성의, 치명적인, 맹독의
Ebola is one of the most virulent virus-infecting diseases known to humankind and usually results in death.
에볼라는 인류에게 알려진 가장 치명적인 바이러스 전염병 중 하나로 대부분이 죽게 된다.
A particularly virulent strain of flu claimed a number of lives in the US.
특별히 악성 종류인 독감이 많은 미국인의 목숨을 앗아 갔다.

Quotidian [kwoutídiən] ; 일상적인, 보통의
Most quotidian values as good manners and the good care of children are such important in these days.
요즘에는 좋은 매너나 어린이를 잘 보살피는 것 같은 평범한 가치들

이 대단히 중요하다.
The minister would soon return to the quotidian life of teaching and writing in the college.
그 장관은 대학에서 가르치고 글 쓰는 일상적인 생활로 곧 돌아갈 것이다.

Chronic [kránik] ; 만성적인
The illness frequently coexists with other chronic diseases.
그 질병은 흔히 다른 만성 질환과 같이 나타난다.
He was suffering from chronic bronchitis.
그는 만성 기관지염을 앓고 있었다.

Boor [buər] ; 천박한 사람
It is selfish to be an obnoxious boor in a restaurant by becoming drunk and insulting the waitstaff.
레스토랑에서 역겨운 무뢰한이 술에 취해서 종업원에게 소리지르는 것은 이기적인 일이다.
I do not mean to sound like a boor.
제가 되도 안되는 소리를 하려는 것은 아닙니다.

Treacherous [trétʃərəs] ; 기만적인, 신뢰할 수 없는
The ice on the roads made driving conditions treacherous.
도로 위의 빙판이 운전 환경을 위험하게 만들었다.
He was weak, cowardly and treacherous.
그는 허약하고 비겁하며 신뢰할 수 없었다.

Vestige [véstidʒ] ; 자취, 흔적

Not a vestige of the abbey remains.
그 수도원은 흔적도 남아 있지 않다.
There remains Balhae's vestige.
그곳에는 발해의 자취가 남아 있다.

Abscond [æbskánd] ; 무단 이탈하다, 종적을 감추다

A family of nine do not abscond.
아홉 명의 가족이 달아나지 못했다.
I say we abscond with that corpse.
내가 우리는 그 시체를 가지고 도망칠거라고 말하잖아.

Blithe [blaið] ; 쾌활한, 행복한

Historians who until recently tended to chronicle world history in blithe ignorance of disease, now recognize the difference made by plague.
역사학자들은 최근까지도 세계 역사를 기록할 때 전염병에 대해서 심각하지 않게 무시하는 경향이 있었지만 현재는 전염병으로 발생한 변화에 대해서 인식하고 있다.
Her beauty and blithe spirit shine, dance and celebrate the finest fabrics of life.
그녀의 아름다움과 밝은 기질은 인생의 가장 멋진 모습으로 빛나고 춤추고 환호하고 있다.

Coda [kóudə] ; 종결부

The final two months were a miserable coda to the President's

first period in office.
마지막 두 달은 대통령의 첫 임기에서 비참한 종결 부분이었다.
A coda is the final part of a fairly long piece of music.
코다는 긴 음악의 끝부분을 말한다.

Bucolic [bju:kάlik] ; 전원의
The interior of the museum is lavishly decorated with paintings of bucolic scenes.
박물관의 내부는 목가적인 풍경을 담은 그림들로 호화롭게 장식되어 있다.
The painting shows a typically bucolic scene with peasants harvesting crops in a field.
그 그림은 들에서 농부들이 작물을 추수하는, 전형적인 목가적 풍경을 보여준다.

Altruism [ǽltru:ìzm] ; 이타주의, 이타심
I am dreaming of a world with more reciprocal altruism.
나는 상호 이타주의가 더 많은 세상을 꿈꾼다.
Her ethical altruism has been a great example to us all.
그녀의 윤리적 이타성은 우리 모두에게 본보기가 되었다.

Catalyst [kǽtəlist] ; 촉매, 자극
I see my role as being a catalyst for change.
나는 내 역할을 변화의 기폭제가 되는 것으로 보고 있다.
A catalyst is a substance which accelerates reactions.
촉매는 반응을 촉진시키는 물질이다.

Aloof [əlúːf] ; 냉담한

The Emperor kept himself aloof from the people.
그 황제는 백성에게 냉담했다.
He is aloof, even when people say hi.
그는 사람들이 인사말을 건네도 시큰둥하다.

Blight [blait] ; 망치다, 엉망으로 만들다

His death cast a blight on the whole of that year.
그의 죽음이 그 해 내내 어두운 그림자를 드리웠다.
The misfortune came like a blight to the family.
그 불행한 일은 그 집안에 어두운 그림자를 드리웠다.

Condone [kəndóun] ; 용납하다

We cannot condone your recent criminal cooperation with the gamblers.
우리는 당신이 최근에 도박꾼들과 결탁해 범죄를 저지른 행위를 용서할 수 없습니다.
If the government is seen to condone violence, the bloodshed will never stop.
만약 정부가 폭력을 용인하는 것으로 비친다면 유혈 참사는 결코 멈추지 않을 것이다.

Aberration [æbəréiʃən] ; 일탈, 일탈적인 행동

Bob and Susan are not an aberration.
밥과 수잔은 별난 사람들이 아니다.
Down's syndrome is caused by a chromosomal aberration.

다운증후군은 염색체 이상으로 나타난다.

Capricious [kəpríʃəs] ; 변덕스러운
Her decision about her major was a little capricious.
그녀의 전공에 대한 결정은 약간 변덕스러웠다.
He was a cruel and capricious tyrant.
그는 잔인하고 변덕스러운 폭군이었다.

Polemic [pəlémik] ; 격렬한 비판, 논쟁
Her speech was memorable for its polemic rather than its substance.
그녀의 연설은 그 내용보다는 논쟁술로 더 기억할 만했다.
She has published a fierce anti-war polemic.
그녀는 맹렬한 반전 논쟁물을 출판했다.

Audacious [ɔːdéiʃəs] ; 대담한
It was audacious of you to say no to your boss.
상사한테 싫다고 하다니 자넨 간도 크군.
The boy was audacious in yelling at his father.
그 소년은 뻔뻔하게도 아버지에게 소리를 질렀다.

Bombastic [bambǽstik] ; 과장된, 과대한, 허황된
I can dare say that an individual with the most bombastic personal problem in his or her head will forget all about it while he or she is watching one of Michael Bay's films.
난 감히 말하건데 허풍떨기를 좋아하는 이들은 마이클 베이의 영화를 보는 순간 그의 모든 개인사를 잊어버리게 될 것이다.
It's a bombastic blast while it lasts.
그것이 지속되는 동안 그것은 과장된 신나는 경험이다.

Prosaic [prouzéiik] ; 평범한, 상상력이 없는
Even if the crime does not disappear, prosaic justice will still be effective.
범죄가 사라지지 않을지라도 권선징악은 여전히 유효할 것이다.
People seem to be getting increasingly prosaic.
사람들이 정서적으로 점점 메말라 가는 것 같다.

⟨Day 23⟩

Frieze [fri:z] ; 띠 모양의 장식
The white paper frieze was also new.
흰 종이 장식 띠 또한 새것이었습니다.
Maybe we should have a frieze.
아마 우리는 조각띠가 있어야 될 것 같은데.

Hallucination [həlù:sənéiʃən] ; 환각, 환영, 환청
High temperatures can cause hallucination.
고열은 환각을 초래할 수 있다.
Was the figure real or just a hallucination?
그 모습은 진짜였는가 아니면 그저 환영이었는가?

Recalcitrant [rikælsitrənt] ; 저항하는, 다루기 힘든
South Korea persuaded North Korea's recalcitrant leader to engage in talks towards reconciliation.
한국은 북한의 고집 센 지도자에게 화해의 회담에 참여하도록 설득했다.
It would be better for the recalcitrant communist state to humbly accept the U.N. move and give up its continued provocative actions.
강경한 공산주의 국가인 북한은, 유엔의 정책에 기꺼이 따르고, 계속하던 도발 행각을 그만두는 편이 이로울 것으로 보인다.

Desultory [désəltɔ̀ːri] ; 두서없는, 종잡을 수 없는
I wandered about in a desultory fashion.
나는 그저 되는 대로 이리저리 돌아다녔다.
She works in a desultory way and completes nothing.
그 여자는 산만하게 일해서 아무것도 끝내지 못한다.

Epistemology [ipìstəmάlədʒi] ; 인식론
Piaget referred to his theory as genetic epistemology.
피아제는 자신의 이론을 발생적 인식론이라고 말했다.
That's pointing to a fundamental issue in his epistemology.
그의 인식론에 대하여 본질적인 문제점을 가리키고 있다.

Galvanize [gǽlvənàiz] ; 충격 요법을 쓰다
Ben has special ability to galvanize me into life.
Ben은 나에게 활력을 넣어주는 특별한 능력을 가졌다.
Energetic and open-minded, the president has the ability to galvanize the people around him.
대통령은 활달하고 개방적인 성격으로, 자신 주변의 사람들을 활기차게 하는 능력이 있다.

Soliloquy [səlíləkwi] ; 독백
I especially liked the actor's soliloquy.
나는 특히 그 배우의 독백 부분이 맘에 들었다.
Thus Hamlet comes to his suicide soliloquy.

고로 햄릿은 그의 자살과 관련된 독백을 하는 시점에 이르게 된다.

Mirth [məːrθ] ; 웃음소리, 즐거움
The performance produced much mirth among the audience.
그 공연은 청중들 사이에서 많은 웃음소리를 자아냈다.
Their faces broke in ripples of mirth.
그들의 얼굴에 웃음의 잔물결이 일었다.

Hegemony [hidʒémənɪ] ; 헤게모니, 패권
I studied about various forms of regional hegemony.
나는 지역 패권의 여러 유형에 대해 공부했다.
The potential malign hegemony can create international risk.
잠재적인 악의적 패권국은 국제적 위기를 초래할 수 있다.

Hermetic [həːrmétik] ; 밀폐된, 사이가 긴밀한
Today the word hermetic refers to occult, mysterical knowledge, particularly alchemy, astrology and magic.
오늘날 hermetic이라는 말은 특별히 연금술이나 점성술, 마법과 같은 비밀스럽고 신비한 지식을 의미한다.
While it is difficult to say how the hermetic North Koreans view unity, in the more prosperous South, however, many citizens harbor ambivalent feelings.
은둔 국가인 북한이 통일을 어떻게 생각하는지는 알 수 없지만, 더 잘사는 남한의 많은 사람들은 복잡한 감정을 가지고 있다.

Nonplussed [nanplʌst] ; 몹시 놀라 어쩔 줄 모르는, 아연실색한
He will be completely nonplussed by this.
이렇게 하면 그는 찍소리도 못할 것이다.
I was completely nonplussed by his question.
나는 그의 질문에 매우 당황했다.

Gossamer [gásəmər] ; 거미줄, 고운, 섬세한
That's not one of my gossamer landings.
그것은 내가 훌륭하게 착륙한 것 중에 속하지 않는다.
That makes lovely gossamer threads.
그것은 매우 아름답고 섬세한 실을 만든다.

Truculent [trʌkjulənt] ; 반항적인, 약간 공격적인
I have never seen such a truculent person in my life.
나는 여태까지 그렇게 포악한 사람을 본 적이 없다.
But now I was a bit rebellious and truculent.
하지만 지금 나는 약간 공격적이며 반항적이었다.

Frenetic [frənétik] ; 정신없이 바쁘게 돌아가는, 부산한
유의어 frantic, wild, frenzied
She has a very frenetic lifestyle.
그녀는 매우 열광적인 라이프스타일의 소유자이다.
China's frenetic pace of development will be inevitably slowed for the moment.
중국의 급격한 발전의 속도는 어쩔 수 없이 당분간 느려질 것이다.

Dictum [díktəm] ; 격언, 금언
This reminds us of the old dictum that haste makes waste.
이것은 급히 서두르면 일을 그르친다는 속담이 생각나게 한다.
They made an official dictum on the changes in government policy.
그들은 정부 정책의 변경에 대해 공식적인 의견을 표했다.

Opaque [oupéik] ; 불투명한
The jargon in his talk was opaque to me.
그의 연설에 나오는 전문 용어들을 나는 이해하기 힘들었다.
We changed our windows to opaque glass ones.
우리는 창문을 불투명한 유리창으로 바꿨다.

Vitriol [vítriəl] ; 독설
He dips his pen in vitriol for everything I have done.
그는 내가 한 일은 무엇이나 헐뜯는다.
I am very sad for all the vitriol here.
여기서 나오는 독설들 때문에 전 너무 슬퍼요.

Ebullient [ibʌ́ljənt] ; 패기만만한, 사기가 충천한
Our ebullient host couldn't stop laughing and talking.
우리의 정열적인 사회자는 웃고 말하는 것을 멈출 수 없었다.
The ebullient mood in online trading contributed to the strong profit growth of the company.
활발한 온라인 거래는 회사의 이익 증가에 크게 기여했다.

Iconoclast [aikánəklæst] ; 우상 파괴자, 인습 타파주의자

The novel, in which an American soldier is transported from Dresden by time-traveling aliens from the planet Tralfamadore, was published at the height of the Vietnam War, and solidified his reputation as an iconoclast.
이 소설은 베트남 전쟁이 한창일 때 출판되어 인습타파주의자로서의 그의 명성을 굳건하게 했다.
As a peace campaigner and all-round iconoclast, John Lennon has attained legendary status.
평화주의자이자 모든 분야의 구습 타파주의자로 존 레논은 전설적인 지위를 얻었다.

Dyspeptic [dispéptik] ; 소화 불량의, 소화 불량을 겪는, 성질이 나쁜

Someone who is dyspeptic has problems with their digestion.
소화 불량인 사람들은 소화에 문제가 있는 것이다.
The Americans are a dyspeptic race.
미국인은 위병에 걸리기 쉬운 민족이다.

Circumspect [səːrkəmspèkt] ; 신중한

Forty years of twists and turns in politics have taught them to remain circumspect.
그들은 40년의 정치적 우여곡절 끝에 신중을 배웠다.
If there ever was a time for you to be conservative and circumspect, it is now.
당신에게 조심스럽고 신중해야 할 때가 있다면, 그것은 바로 지금이다.

Lachrymose [lǽkrəmòus] ; 잘 우는

He was by turns devout and obscene, merry and lachrymose.
그는 독실하고 음란하고 명랑하고 감성적이었다.
It was certainly a lachrymose departure.
그것은 참으로 눈물을 자아내는 출발이었다.

Ignoble [ignóubl] ; 비열한, 야비한

There can be a huge communication barrier with such an ignoble person.
그런 천한 사람과는 커다란 의사 소통의 장벽이 있을 수 있다.
She is accused of playing an ignoble part in the plot.
그녀는 그 이야기에서 비천한 역을 연기했다고 비난받는다.

Harangue [hərǽŋ] ; 장광설을 늘어놓다, 장광설

I didn't come here to harangue you.
내가 너한테 장광설을 늘어놓으려고 여기 오지 않았는데.
We do not bully or harangue them.
우리는 그들을 괴롭히거나 억지로 설득하지 않았다.

Havoc [hǽvək] ; 대파괴, 큰 혼란

The storm wrought havoc in the south.
그 폭풍은 남부 지역에 대대적인 파괴를 가져왔다.
These insects can wreak havoc on crops.
이들 곤충은 농작물에 대대적인 피해를 초래할 수 있다.

⟨Day 24⟩

Fusillade [fjúːsəlèid] ; 연속 사격, 빗발치는 것
Tchaicovsky's 1812 Overture concludes with thunderous fusil-
lade of cannon fire.
차이코프스키의 1812년 서곡은 우레같은 대포의 집중 포화 소리로
끝난다.
He faced a fusillade of questions from the waiting journalists.
그는 기다리고 있던 기자들로부터 빗발치는 질문 공세를 받았다.

Credulous [krédʒuləs] ; 잘 믿는, 잘 속는
There are some people who deceive credulous clients to earn a
lot of money.
많은 돈을 벌기 위해 쉽게 믿는 고객을 속이는 사람들이 일부 있다.
He is credulous and easily convinced.
그는 귀가 얇아서 남의 말에 잘 넘어간다.

Winnow [wínou] ; 까부르다, 키질하다, 분석하다
We have to winnow out the definition.
우리는 그 정의를 분석해야 한다.
They need the middle classes to fund the demoralisation of the
others in order to winnow voting fodder.
그들은 투표의 총알받이를 걸러내기 위해 중산층들이 다른이들의

197

혼란을 책임져줘야 한다.

Paean [píːən] ; 찬가, 승리의 노래
Inside, the car is a paean to luxury.
차의 내부는 고급스러움을 향한 찬가를 부르는거나 마찬가지일 것이다.
This is a paean to dhimmitude.
이것은 딤미튜드에 바치는 찬가이다.

Xenophobia [zènəfóubiə] ; 외국인 혐오
My grandparents are suspicious of foreigners to the point of xenophobia.
우리 조부모님은 외국인 공포증이라고 말해도 좋을 정도로 외국인을 공연히 의심하신다.
Racist discrimination and xenophobia are a reality in Japanese society.
인종차별과 외국인 혐오는 일본 사회의 현실이다.

Arbiter [áːrbətər] ; 결정권자
The law is the final arbiter of what is considered obscene.
무엇을 외설적인 것으로 봐야 하는지를 최종적으로 결정하는 것은 법이다.
Many times I have been the arbiter between the sales team and implementation team of my previous company.
전 직장에서 영업팀과 제품 구축팀 사이에서 여러 차례 중재 역할을 했습니다.

Daguerreotype [dəgéərətàip] ; 은판 사진법으로 찍은 사진

In 1839 the daguerreotype was introduced to America, ushering in the age of photography, and within a generation the new invention put an end to the popularity of painted portraits.
1839년에 은판사진이 미국에 도입되어, 사진 시대를 열게 되었고, 한 세대 이내에 이 새로운 발명품은 초상화의 인기에 종지부를 찍었다.
It was an 1839 daguerreotype camera, ancestor of the modern cameras used today.
그 카메라는 오늘날 사용되는 근대 카메라의 조상인 1839년제 은판 사진기였죠.

Ascribe [əskráib] ; 탓으로 돌리다

I ascribe this honor to all of you.
이 영광을 여러분께 돌리겠습니다
They attribute[ascribe] the increase in the infant death rate to environmental pollution.
그들은 유아 사망률의 증가를 환경오염 탓으로 돌린다.

Subpoena [səbpí:nə] ; 소환하다, 소환장

The court delivered a subpoena to a woman who saw the robbery.
법원은 강도 현장을 목격한 여인에게 소환장을 발부했다.
The judge issued a summons[subpoena].
판사가 소환장을 발부했다.

Bevy [bévi] ; 무리
But it can also lead to a bevy of problems.
하지만 그것은 또한 여러 문제점들을 일으키기도 한다.
There is a bevy of quails.
메추라기 떼가 있다.

Irascible [iræsəbl] ; 화를 잘 내는
She's becoming more and more irascible as she grows older.
그녀는 나이를 먹을수록 점점 불같은 성격이 되어 가고 있다.
She gets easily irascible about petty things.
그녀는 사소한 일로 쉽게 화를 잘 낸다.

Intransigent [intrǽnsədʒənt] ; 고집스러운, 비협조적인
He said the negotiations had little chance of success while the management maintained such an intransigent position.
그는 경영자측이 그 같은 비타협적인 입장을 고수하는 한 협상의 성사 가능성은 거의 없다고 말했다.
We asked to change our seats with some closer view to the river, but the restaurant manager was intransigent and unhelpful.
우리는 좀 더 강의 풍경과 가까운 자리로 바꿔달라고 부탁했으나 레스토랑 매니저는 전혀 타협적이지 않고 도움이 되지 않았다.

Coalesce [kòuəlés] ; 합치다
The brooks coalesce into one large river.
시냇물들이 한데 모여 큰 강이 되다.

And that's what we have to coalesce back off of in order to elect a president of the future.
이제 앞으로 대통령을 당선시키기 위해서는 한발 물러서서 재충전을 한 후 다시 힘을 모아야 합니다.

Lugubrious [lugjúːbriəs] ; 침울한
Lugubrious is the word most frequently attached to him.
침울하다는 말은 그에게 가장 많이 첨부되는 말이다.
A lugubrious programme did him no favours.
지루한 프로그램이 그에게 어떠한 흥미도 제공하지 못했다.

Esoteric [èsətérik] ; 소수만 이해하는
She has a rather esoteric taste in clothes.
그녀는 다소 심원한 의상 취향을 가지고 있다.
To a lot of people, the astrology is just mystical and esoteric.
많은 사람들에게 점성술은 신비롭고 잘 알려지지 않은 것이다.

Vociferous [vousífərəs] ; 소리 높여 표현하는
Vociferous objections have been raised to the plan.
그 계획에 대해 시끄러운 반대가 제기되었다.
In my noisome hotel room, two people next door made vociferous love all night.
내가 있던 더러운 호텔 옆방의 두 사람은 밤새 시끄러운 소리를 냈다.

Itinerant [aitínərənt] ; 떠돌아다니는
The itinerant vendors have spread out their wares in the mar-

ketplace.
장터에서 장돌뱅이들이 좌판을 벌였다.
That guy is an itinerant who has done all sorts of jobs all over the country.
그 사람은 방방곡곡을 돌며 안 해 본 일이 없는 떠돌이다

Malapropism [mæ̀ləpràpìzm] ; 말의 익살스런 오용
In the sentence, "The price of food in Japan is gastronomical," the word 'gastronomical' is a malapropism, because it should be 'astronomical.'
"일본의 음식값은 식도락적이다"라는 문장에서 '식도락적' 이라는 낱말은 '천문학적' 이라고 해야 맞기 때문에 이는 잘못 쓰인 것이다.
Interesting article, rather diminished by the Malapropism at the start that had us thinking of climates ("climatic") rather than climaxes (climactic).
흥미로운 기사는 처음에 우리가 클라이맥스(기후)보다는 기후(기후)를 생각하도록 만든 말라프로피즘에 의해 다소 줄어들었다.

Immutable [imjúːtəbl] ; 변경할 수 없는, 불변의
The priority is to establish a precise and immutable set of rules.
우선 사항은 정확하고 변하지 않는 규칙을 세우는 것이다.
No attempts have been made to replace the older theory regarding the authority of immutable values by conceptions more congruous with the practices of daily life.
불변의 가치가 지니는 권위에 관한 오래된 이론을 일상 생활에 더

적합한 개념들로 바꾸려는 어떤 시도도 행해진 적이 없다.

Discordant [diskɔ́ːrdənt] ; 조화를 이루지 못하는
The only discordant element was a group of parents who felt their views were being ignored.
단 하나 조화되지 않는 요소는 자기들의 의견이 무시되고 있다고 느끼는 일단의 부모들이었다.
The two neighbors have a discordant relationship.
두 이웃은 서로 상호 불협화음이 있다.

Acerbic [əsə́ːrbik] ; 가혹한, 신랄한
The letter was written in her usual acerbic style.
편지는 그녀가 늘 쓰는 신랄한 어투로 쓰여 있었다.
The critic wrote an acerbic review of the play.
그 비평가는 이 연극에 대해 신랄한 논평을 기술했다.

Ephemeral [ifémərəl] ; 수명이 짧은, 단명하는
Nowadays, temporary positions in any job are simply ephemeral.
요즘의 임시직은 어디에서나 파리 목숨일 뿐이다.
Jobs in the tech sector are far more ephemeral than in any other part of the economy.
기술 분야의 일자리는 경제 어느 분야에서보다 더 순간적이다.

Adept [ədépt] ; 능숙한
He was adept at the fine art of astonishing people.

그는 사람들을 경탄하게 하는 데 명수였다.
The pianist was adept at playing the instrument.
그 피아니스트는 악기를 아주 능숙하게 연주했다.

Endorse [indɔ́:rs] ; 지지하다

I wholeheartedly endorse his remarks.
저는 진심으로 그의 발언을 지지합니다.
I also believe in the educational products you sell and, being a mother now with two children entering the educational system, I will be able to endorse your products to many interested parents and school systems.
아울러 귀사에서 판매하는 교육 상품에 대해서도 확신을 가지고 있으며, 곧 학교에 입학하는 두 자녀의 엄마로서 귀사의 상품을 많은 학부모와 학교에 소개할 수 있으리라 생각합니다.

Dubious [djú:biəs] ; 의심하는, 미심쩍어 하는

I was rather dubious about the whole idea.
나는 그 생각 전체가 좀 의심스러웠다.
They consider the plan to be of dubious benefit to most families.
그들은 그 계획이 대부분의 가정에 이익이 될지는 불확실하다고 여기고 있다.

⟨Day 25⟩

Surmise [sərmáiz] ; 추측하다, 추측
This is pure surmise on my part.
이것은 순전히 내 입장에서 본 추측일 뿐이다.
His guilt was a matter of surmise.
그가 유죄라는 건 순전히 추측이었다.

Subterfuge [sʌ́btərfjùːdʒ] ; 속임수
Scientists argued that morphine therapy of the dying patients is only a subterfuge for killing them.
과학자들은 죽어가는 환자들에게 하는 모르핀 처방은 그들을 죽이는 구실일 뿐이라고 주장했다.
It was clear that they must have obtained the information by subterfuge.
그들은 틀림없이 속임수를 써서 정보를 얻었음이 분명하다.

Ruse [ruːz] ; 계략, 책략
I have brought you here by a ruse.
너를 속여서 여기에 데리고 온 것이다.
This ruse will confound the enemy.
이 계략으로 적을 물리칠 수 있을 것이다.

Rife [raif] ; 유행하는, 만연한

It is a country where corruption is rife.
그곳은 부패가 만연한 국가이다.
Rumours are rife that he is going to resign.
그가 사임할 것이라는 소문이 널리 퍼져 있다.

Rudimentary [rù:dəméntəri] ; 가장 기본적인

Some dinosaurs had only rudimentary teeth.
일부 공룡들은 미발달된 치아만 가지고 있었다.
They were given only rudimentary training in the job.
그들은 그 직장에서 가장 기본적인 훈련만 받았다.

Revere [rivíər] ; 존경하다

The villagers revere him as an elder.
마을 사람들은 그를 어른으로 떠받들고 있다.
We revere him as the greatest leader.
우리는 그를 가장 위대한 지도자로 추앙하고 있다.

Resolute [rézəlù:t] ; 단호한, 확고한

Even though somebody calls me a remoaner, I am resolute in my opinion.
누가 나를 브렉시트를 반대하는 불평가라고 불러도, 나는 내 견해에 관해 아주 확고해.
He became even more resolute in his opposition to the plan.
그는 그 계획에 대한 반대가 훨씬 더 확고해졌다.

Reticent [rétəsənt] ; 말을 잘 안 하는
He was extremely reticent about his personal life.
그는 자기 개인적인 생활에 대해 심할 정도로 말을 잘 안 했다.
She was shy and reticent.
그녀는 수줍음이 많고 말이 없었다.

Verbose [və:rbóus] ; 장황한
Although he looks older than the teachers in the movie, the actor plays an excessively verbose teenager.
영화 속의 교사들보다 나이가 많아 보이지만 그 배우는 아주 수다스러운 십대를 연기한다.
He was renowned for being a verbose and rather tedious after-dinner speaker.
그는 말이 많고 다소 지루한 식후 연설가로 잘 알려져 있었다.

Vapid [vǽpid] ; 흥미롭지 못한
After the talk, I found the professor strongly idiotic and emotionally vapid.
얘기를 나누고 나서 나는 그 교수가 대단히 바보스럽고 정신적으로 공허하다는 것을 깨달았다.
All the summer, they always ate peanut butter sandwiches, plunged into the couch and absorbed vapid pop culture images from TV.
여름 내내 그들은 땅콩 샌드위치를 먹으며 소파에 누워서 TV의 공허한 대중문화의 이미지들 속으로 빠져 들었다.

11. Usurp [juːsə́ːrp] ; 빼앗다
Shall I become king and usurp it?
제가 왕이 되어 권력을 찬탈해가도 되겠습니까?
He's come to usurp your place here.
그가 여기에 네 자리를 꿰찰려고 왔다.

Vitiate [víʃièit] ; 해치다
Yes, but the context did not vitiate the meaning.
맞아, 하지만 문맥이 의미를 퇴색시키지 않았어.
The global trade in hot air has helped to vitiate the Kyoto protocol.
열렬한 국제 무역은 교토 의정서를 약화시키는데 도움이 되었다.

Vitriolic [vìtriálik] ; 독설에 찬
The readers left threatening voice messages and vitriolic criticism on his answering machine.
독자들은 그의 자동응답기에 위협적인 음성 메시지와 신랄한 비난을 남겼다.
He launched a vitriolic attack on the prime minister, accusing him of shielding corrupt friends.
그는 총리가 부패한 친구들을 감싸고 있다고 비난하면서 총리에 대한 통렬한 공격을 시작했다.

Vindicate [víndəkèit] ; 정당성을 입증하다
It is wise to praise what history has vindicated than what history will vindicate.

역사가 앞으로 회복시켜 줄 명예보다 역사가 이미 회복시킨 명예를 칭찬하는 편이 현명하다.
There was never a doubt in my mind that the truth would serve to vindicate me.
나는 진실이 내 명예를 회복시켜 줄 것에 대해서 아무런 의심도 하지 않았다.

Vex [veks] ; 성가시게 하다
Separation of church and state, continue to vex the Philippines to this day.
교회와 국가의 분리는 오늘까지도 필리핀을 계속 괴롭히고 있다.
These problems vex the mind of Europe.
이러한 문제가 유럽인들의 마음을 괴롭히고 있다

Ordain [ɔːrdéin] ; 임명하다
I'll certainly be back to ordain later on.
저는 반드시 임명하러 돌아올 것입니다.
Also, the early Church didn't ordain women deacons.
또한 초기 교회는 여자들을 집사로 임명하지 않았다.

Posterity [pastérəti] : 후손
Their music has been preserved for posterity.
그들의 음악은 후세를 위해 보존되어 왔다.
Posterity will remember him as a great man.
후대는 그를 위대한 인물로 기억할 것이다.

Predecessor [prédəsèsər] ; 전임자
He is cast in a different mould from his predecessor.
그는 전임자와는 다른 타입의 사람이다.
The new president reversed many of the policies of his predecessor.
새 대통령은 전임 대통령의 정책들 중 많은 것들을 뒤집었다.

Offspring [ɔ'fspriŋ] ; 자식
The cow didn't let people come close to her offspring.
그 암소는 사람들이 자기 새끼에게 가까이 가지 못하게 했다.
That girl is my pretty offspring.
저 소녀는 사랑스러운 나의 자식이다.

Predator [prédətər] ; 포식자
Birds are the major predator of the ladybug.
주로 새들이 무당벌레를 많이 잡아먹는다.
The dropped tail serves to distract the predator, and by losing it, the lizard can run faster.
절단된 꼬리는 적의 시선을 끌며 꼬리가 없는 도마뱀붙이는 좀 더 빨리 달릴 수 있다.

Gene [dʒi:n] ; 유전자
The gene is activated by a specific protein.
그 유전자는 특수 단백질에 의해 활성화된다.
Researchers are still trying to isolate the gene that causes this abnormality.

연구자들이 이러한 이상을 초래하는 유전자를 분리해 내기 위해 아직 애를 쓰고 있다.

Trait [treit] ; 특성
Omnivoracity is the main trait of human beings.
잡식성은 인간의 주요 특징이다.
Adolescents are prone to trait ascription bias.
청소년은 특성 귀속 편향을 갖기 쉽다.

Evolutionary [èvəlúːʃənèri] ; 발전의, 진화의
Poor food and habitats lead animals into evolutionary traps.
먹이와 서식지의 열악한 환경은 동물을 진화의 덫으로 이끈다.
The new research places T.rex on the evolutionary tree in between alligators and chickens and ostriches.
새로운 연구에서는 티라노사우루스 렉스가 악어와 닭 그리고 타조 사이의 진화 계보상에 위치한다고 본다.

Herbivore [ə́ːrbəvɔ̀ːr] ; 초식동물
It is up to the player to decide whether or not the organism should evolve into an herbivore or a carnivore.
이 생명체가 초식동물로 진화할지 아니면 육식동물로 진화할지는 플레이어에게 달려있다.
If an animal is an herbivore, it needs to either run fast or constantly be aware of imminent dangers.
따라서 초식동물이라면 빨리 달아나거나 자신에게 닥칠 위험을 빨리 감지할 수 있어야 하지요.

Carnivore [kɑ́:məvɔ̀:r] ; 육식동물

They said that the dinosaurs were halfway between carnivore and herbivore.
그들은 이 공룡이 육식과 초식의 경계에 있다고 말했다.
Black bears, New York's largest carnivore and second largest animal, now inhabit almost every county in the state.
뉴욕 최대의 육식동물이며 두 번째로 거대한 동물인 흑곰은 이제 미국 내 거의 모든 주에서 서식한다.

영어 고급 Vocaburary 연습 2

정 태 성   값 12,000원 (낱권)
         24,000원 (세트)

초판발행 2022년 11월 10일
지 은 이   정태성
펴 낸 이   도서출판 코스모스
펴 낸 곳   도서출판 코스모스
등록번호   414-94-09586
주   소   충북 청주시 서원구 신율로 13
대표전화   043-234-7027
팩   스   050-4374-5501

ISBN 979-11-91926-46-0
     979-11-91926-43-9(세트)